心一堂易學術數古籍整理叢刊

京氏易六親占法古籍校注系列

# 京氏易傳校注

【漢】京房　原著

虎易　校注

Śūnyatā

書名：京氏易傳校注
系列：心一堂易學術數古籍整理叢刊　京氏易六親占法古籍校注系列
【漢】京房　原著
虎易　校注
編輯：**陳劍聰**

出版：心一堂有限公司
通訊地址：香港九龍旺角彌敦道610號荷李活商業中心十八樓05-06室
深港讀者服務中心：中國深圳市羅湖區立新路六號羅湖商業大廈負一層008室
電話號碼：(852) 67150840
網址：publish.sunyata.cc
電郵：sunyatabook@gmail.com
網店：http://book.sunyata.cc
淘宝店地址：https://sunyata.taobao.com
微店地址：https://weidian.com/s/1212826297
臉書：https://www.facebook.com/sunyatabook
讀者論壇：http://bbs.sunyata.cc

版次：二零一九年五月初版

平裝

定價：港幣　九十八元正
新台幣　四百六十元正

國際書號　978-988-8582-73-0



香港發行：香港聯合書刊物流有限公司
香港新界大埔汀麗路36號中華商務印刷大廈3樓
電話號碼：(852)2150-2100　傳真號碼：(852)2407-3062
電郵：info@suplogistics.com.hk

台灣發行：秀威資訊科技股份有限公司
地址：台灣台北市內湖區瑞光路七十六巷六十五號一樓
電話號碼：+886-2-2796-3638　傳真號碼：+886-2-2796-1377
網絡書店：www.bodbooks.com.tw
台灣秀威書店讀者服務中心：
地址：台灣台北市中山區松江路二0九號1樓
電話號碼：+886-2-2518-0207
傳真號碼：+886-2-2518-0778
網址：www.govbooks.com.tw

中國大陸發行 零售：深圳心一堂文化傳播有限公司
地址：深圳市羅湖區立新路六號羅湖商業大廈負一層008室
電話號碼：(86)0755-82224934

心一堂微店二維碼

心一堂淘寶店二維碼

# 目錄

䷡ 乾下震上，《大壯》。 一二零

䷪ 乾下兌上，《夬》。 一二二

䷄ 乾下坎上，《需》。 一二四

䷇ 坤下坎上，《比》。 一二六

䷸ 巽下巽上，《巽》。 一二八

䷈ 乾下巽上，《小畜》。 一三零

䷤ 離下巽上，《家人》。 一三二

䷩ 震下巽上，《益》。 一三四

䷘ 震下乾上，《無妄》。 一三六

䷔ 震下離上，《噬嗑》。 一三八

䷚ 震下艮上，《頤》。 一四零

䷑ 巽下艮上，《蠱》。 一四二

䷝ 離下離上，《離》。 一四四

䷷ 艮下離上，《旅》。 一四六

# 《京氏易六親占法古籍校注》總序（代自序）

中國古代的占卜預測，源遠流長，林林總總，類型繁多。例如：龜卜占、象占、星占、夢占、風角鳥占、拆字占、手面相占、奇門、六壬、太乙、四柱八字、六爻占、六親占、梅花易占、紫微占、雜占等各種術數占卜預測方法。《左傳》、《國語》、《史記》等古代著作，就記錄有很多預測的占例。清代《欽定四庫全書》，將各種預測類的書籍，統歸於《子部•術數類》，因此，各種預測的方法，又可統稱為「術數」。「京氏易六親占法」，就是這些術數中的一個獨立的種類。

## （一）

「京氏易六親占法」，是西漢•京房創立的一種預測方法，也是術數中的一種比較成熟的方法。據《漢書•眭兩夏侯京翼李傳》記載：「京房字君明，東郡頓丘人也。治《易》，事梁人焦延壽」。又曰：「房本姓李，推律自定為京氏」。又曰：「其說長於災變，分六十四卦，更直日用事，以風雨寒溫為候，各有占驗。房用之尤精。好鐘律，知音聲」。《漢書•儒林傳》曰：「京房受《易》梁人焦延壽。延壽云：『嘗從孟喜問《易》』。會喜死，房以為延壽《易》即孟氏學，翟牧、白生不肯，皆曰非也。至成帝時，劉向校書，考《易》說，以為諸《易》家說皆祖田何、楊叔元、丁將軍，大誼略同，唯京氏為異，倘焦延壽獨得隱士之說，托之孟氏，不相與同。房以明災異得幸，為石顯所譖誅，自有傳。房授東海殷嘉、河東姚平、河南乘弘，皆為郎、博士。由是《易》有京氏之學」。「自武帝立《五經》博士，開弟子員，設科射策，勸以官祿」。「至元帝世，復立《京氏易》」。「京氏易」在漢代元帝時被立為博士，足以證明其學說，是當時具有很高學術地位和學術價值的。

《欽定四庫全書》提要記載：「《京氏易傳》三卷，漢・京房撰、吳・陸績注」。「績有易注，已著錄房所著有《易傳》三卷，《周易章句》十卷，《周易錯卦》十卷，《周易妖占》十二卷，《周易占事》十二卷，《周易守株》三卷，《周易飛候》九卷，又六卷《周易飛候》，《六日七分》八卷，《周易四時候》四卷，《周易混沌》四卷，《周易委化》四卷，《周易逆刺占災異》十二卷，《易傳積算法、集占條例》一卷。今惟《易傳》存」。從以上記錄可以知道，京房的著作，絕大多數都已經亡佚，唯有《京氏易傳》得以保存下來。

南宋・晁公武（約1104—約1183年）《郡齋讀書志》曰：「景迂嘗曰：余自元豐壬戌偶脫去舉子事業，便有志學易，而輒好王氏。本妄以謂弼之外，當自有名象者，果得京氏傳。而文字顛倒舛訛，不可訓知。迨其服習甚久，漸有所窺，今三十有四年矣，乃能以其象數，辨正文字之舛謬。於邊郡山房寂寞之中，而私識之曰：是書兆《乾》《坤》之二象以成八卦，凡八變而六十有四。於其往來升降之際，以觀消息盈虛於天地之元，而酬酢乎萬物之表者，炳然在目也」。從以上記錄可知，目前傳世的《京氏易傳》，是北宋•晁景迂經歷三十四年的研究後，重新編排整理成書的。

《火珠林》是目前存世的「京氏易六親占法」的第一本系統性著作，作者：麻衣道者。古人認為，大約是唐末宋初的作品。宋人項世安（1129－1208）謂：「以京房考之，世所傳《火珠林》即其遺法，《火珠林》即交單重拆也」。張行成亦謂：「《火珠林》之用，祖於京房」。《朱子語類》曰：「卜卦之錢，用甲子起卦，始於京房」。又云：「今人以三錢當揲蓍，乃漢•焦贛、京房之學」。

唐宋以前的著作，記錄有「京氏易六親占法」線索的，惟有晉代郭璞的《郭氏洞林》了。

自《京氏易傳》、《火珠林》出，其後宋、元、明、清時期，又有《卜筮元龜》、《海底眼》、《天玄賦》、《黃金策》、《易林補遺》、《易隱》、《易冒》、《增刪卜易》、《卜筮正宗》等著作，以及《卜筮全書》、《斷易天機》、《易隱》等輯錄本著作面世，經歷代作者不斷實踐，注釋補充，使「京氏易六親占法」這種優秀的文化遺產，得以不斷傳承和完善。

（二）

為了讓讀者對「京氏易六親占法」系列古籍著作，有個初步的瞭解，下面我對選擇、注釋和整理的「京氏易六親占法」系列古籍著作，選擇的校錄版本及內容，做一個簡單的介紹，供讀者參考。

## 《京氏易六親占法古籍校注》之一

《京氏易傳》：

作者：漢·京房：（公元前77年—前37年。）據【明·兵部侍郎范欽訂】「天一閣」本，作為校錄底本，參考《漢魏叢書·明·新安程榮校》本，及《欽定四庫全書》，校注整理。字數大約4.1萬。

《京氏易傳》，是漢代·京房的著作，據《郡齋讀書志》晁公武曰：「漢《藝文志》易京氏凡三種，八十九篇。隋《經籍志》有《京氏章句》十卷，又有《占候》十種，七十三卷。唐《藝文志》有《京氏章句》十卷，而《易占候》存者五種，二十三卷。今其章句亡矣。乃略見於僧一行及李鼎祚之書。今傳者曰《京氏積算易傳》三卷，《雜占條例法》一卷，或共題《易傳》四卷，而名皆與古不同。今所謂《京氏易傳》者，或題曰《京氏積算易傳》者，疑隋、唐《志》之《錯卦》是也。《雜占條例法》者，疑唐《志》之《逆刺占災異》是也。《錯卦》在隋七卷，唐八卷，所謂《積算》《雜》《逆刺占災異》十二卷是也。至唐，《逆刺》三卷，而亡其八卷。元佑八年，高麗進書，有《京氏周易占》十卷，疑隋《周易占》十二卷是也。是古易家有書，而無傳者多矣。京氏之書，幸而與存者才十之一，尚何離夫師說邪」？目前京房的著作，繼續傳世的僅《京氏易傳》，其他著作均已亡佚。《京氏易傳》構建了「京氏易六親占法」的理論及體系框架，為該占法提供了理論上的依據。

## 《京氏易六親占法古籍校注》之二

《郭氏洞林》：

作者：晉•郭璞：（公元276年—324年）。元•胡一桂抄錄。據《欽定四庫全書•周易啟蒙翼傳•外篇》本，作為校錄底本，參考《欽定古今圖書集成》理學彙編經籍典•易經部•易學別傳十一•晉《郭璞洞林》，校注整理。字數大約0.8萬。

《郭氏洞林》是最早集錄郭璞卦例的著作，其收錄的卦例，對於後來的學者，研究郭璞的占法及其思路，是很好的原始資料，對於研究郭璞的易學思想和占法，具有一定的參考價值。

## 《京氏易六親占法古籍校注》之一

《周易洞林》：

作者：晉•郭璞：（公元276年—324年）。清•王謨輯。據清嘉慶3年王謨刻本，作為校錄底本，校注整理。字數大約1. 4萬。

《周易洞林》在《郭氏洞林》的基礎上，又從其他古籍中，收錄了一些關於郭璞的卦例和事例，對於研究郭璞的思想和占法，具有一定的參考價值。

## 《京氏易六親占法古籍校注》之二

《易洞林》：

作者：晉•郭璞：（公元276年—324年）。清•馬國翰輯。據盧白廬藏清同治九年《玉函山房輯佚書》本，作為校錄底本，校注整理。字數大約2. 4萬。

《易洞林》也是在《郭氏洞林》和《周易洞林》的基礎上，又從其他古籍中，收錄了一些關於郭璞的卦例和事例，對於研究郭璞的思想和占法，具有一定的參考價值。

## 《京氏易六親占法古籍校注》之三

《火珠林》：

作者：麻衣道者。相傳為唐末宋初時期的著作。據虛白廬藏《漢鏡齋秘書四種•火珠林》本，作為校錄底本，校注整理。字數大約5.9萬。

《火珠林》這本著作的問世，為「京氏易六親占法」的應用，提供了第一本系統的著作。該著作對京氏易的體例進行了論述，也用一些占例，解說了「京氏易六親占法」的應用方法，對於研究「京氏易六親占法」，具有很高的學術價值。

## 《京氏易六親占法古籍校注》之四

《增注周易神應六親百章海底眼》，簡稱《增注海底眼》：

作者：王鼐；重編：何侁、信亨。南宋•淳佑（甲辰年•公元1244年）。據《續修四庫全書》一〇五五冊•子部•術數類《增注周易神應六親百章海底眼》本，作為校錄底本，參考「國家圖書館•古籍館」清代抄本，校注整理。字數大約2萬。

《增注海底眼》這本著作，著重論述了一些基本概念和知識，以及五行的對應方法和應用，並編制大量歌訣，幫助讀者理解和記憶。特別是對六親的概念，進行了重點論述，是「京氏易六親占法」體系中的一本重要著作。

## 《京氏易六親占法古籍校注》之五

《大易斷例卜筮元龜》，簡稱《卜筮元龜》：

作者：元•蕭吉文。元•大德十一年（丁未年•公元1307年）。據日本京都大學附屬圖書館《大易斷例卜筮元龜》手抄本上卷本，作為校錄底本，參考《斷易天機》輯錄資料，校注整理。字數大約9.5萬。

《卜筮元龜》這本著作，在國內基本已經失傳了，這次是根據日本京都大學附屬圖書館《大易斷例卜筮元龜》手抄本，校對注釋整理的。該著作首次附入大量配圖，補充了「京氏易六親占法」應用的很多基礎知識和概念，並首次提出了「以錢代蓍法」的成卦方法，將「京氏易六親占法」占卜預測分門別類，作了進一步的細化，這也是「京氏易六親占法」體系中的一本重要著作。

## 《京氏易六親占法古籍校注》之六

《周易尚占》：

作者：元•李清庵。元•大德十一年（丁未年•公元1307年）。據《四庫全書存目叢書•子部•術數類•周易尚占》本，作為校錄底本，校注整理。字數大約4.2萬。

《周易尚占》這本著作，是與《卜筮元龜》為同一時期的作品，首次附入十幅配圖，補充了「京氏易六親占法」應用的一些基礎知識和概念，下卷有六十四卦納甲、世應等內容，並有六十四卦的詩歌斷例，具有一定的參考價值。

## 《京氏易六親占法古籍校注》之七

《新鍥纂集諸家全書大成斷易天機》，又稱為《增補鬼谷源流斷易天機》（寶善堂梓行），簡稱《斷易天機》：

作者：明•劉世傑。明•嘉靖十七年（戊戌年•公元1538年）。豫錦誠•徐紹錦校正；閩書林•鄭雲齋梓行本，作為校錄底本，參考《卜筮元龜》、《卜筮全書》等著作，校注整理。字數大約39. 6萬。

《斷易天機》這本著作的初版，在國內基本已經失傳了，這次是根據心一堂據日本傳本影印版校對注釋整理的。本書是「京氏易六親占法」的第二個匯輯本，收錄了此前「京氏易六親占法」各種著作，各種基礎知識理論和實踐方法內容，特別是首次出現了「鬼穀辨爻法」這種六親爻位的對應方法，為「京氏易六親占法」的應用，提供了預測分析的思路，擴展了預測分析的信息。這本著作，是「京氏易六親占法」系列古籍中的一本重要著作，對於研究「京氏易六親占法」傳承，具有很重要的研究和參考價值。

## 《京氏易六親占法古籍校注》之八

《易林補遺》：

作者：明•張世寶。萬曆三十四年（丙午年•公元1306年）。據《易林補遺》初版本，作為校錄底本，校注整理。字數大約14.5萬。

《易林補遺》這本著作，對「京氏易六親占法」以前各種著作的缺失，進行了一些補充。作者雖然是一個盲人，但不迷信於鬼神，根據當時社會上普遍存在的有病則求神問卜的現象，他主張有病應該找醫生治療，避免殘害生命以及造成錢財的浪費。他提出了「爻爻有伏有飛，伏無不用」的論述，把「飛伏」的應用方法，更加彰顯出來。並成功的將「反吟」、「伏吟」的概念，納入「京氏易六親占法」體系。

## 《京氏易六親占法古籍校注》之九

《卜筮全書》：

作者：明•姚際隆。崇禎三年（庚午年•公元1630年）。據《卜筮全書》初版本，作為校錄底本，校注整理。字數大約34.8萬。

《卜筮全書》這本著作，是「京氏易六親占法」的第一個匯輯本，首次正式納入了《天玄賦》這本著作。現存的書籍，是後來修訂的版本，首次正式納入了《黃金策》，對京氏易占法的理論和實踐體系，比較全面的進行了彙編，具有很重要的研究和參考價值。

## 《京氏易六親占法古籍校注》之十

《易隱》：

作者：明•曹九錫（明•天啟五年前後•公元1625年前後）。據「國家圖書館•古籍館」最早版本，作為校錄底本，參考清代多個版本，校注整理。字數大約21.3萬。

《易隱》這本著作，應該是「京氏易六親占法」的第三個匯輯本，書中引錄了大量古籍資料。特別是其中「身命占」和「家宅占」的內容，將預測分類更細，也為後來的學者，提供了一個細化分析的基本框架，具有重要的研究價值。

## 《京氏易六親占法古籍校注》之十一

《易冒》：

作者：清•程良玉。清•康熙三年（甲辰年•公元1664年）。據江蘇巡撫採進本，作為校錄底本，校注整理。字數大約12.7萬。

《易冒》這本著作，作者雖然也是一位盲人，但他對於很多基礎知識，進行追本求源，並對其來源及推演方法，進行了論述。對於各種成卦方式，他提出了自己的看法，對幫助讀者打破迷信，樹立客觀的思想，起到重要作用。本書在學術研究上，具有一定的價值。

## 《京氏易六親占法古籍校注》之十二

《增刪卜易》：

作者：清•李文輝。清•康熙二十九年（庚午年•公元1690年）。據清•康熙年間古吳陳長卿刻本《增刪卜易》爲底本，作為校錄底本，校注整理。字數大約25.2萬。

《增刪卜易》這本著作，對「京氏易六親占法」的應用，化繁為簡，提出採用指占之法，讓信息直接切入預測的核心。又提出分占之法，便於釐清不易辨別的問題，避免信息產生混淆。同時，還提出了多占之法，用以追蹤求測人所疑，查找產生問題的原因，尋找出解決問題的方法。當設計出解決問題的方法後，還可以檢驗其是否具有解決問題的功能。本書在學術研究上，具有一定的價值。

## 《京氏易六親占法古籍校注》之十三

《卜筮正宗》：

作者：清•王洪緒。清•康熙四十八年（己丑年•公元1709年）。據清初刻本，作為校錄底本，校注整理。字數大約21.8萬。

《卜筮正宗》這本著作，對《黃金策》的注釋部分，有自己獨特的見解。對當時社會上存在的一些問題，也做出了自己的回答。對十八個類型的問題，也進行了論述。不足之處，在於作者為了強求對應，篡改了《增刪卜易》一些卦例的原始內容，這些需要讀者注意的。

## 《京氏易六親占法古籍校注》之十

《御定卜筮精蘊》：

作者不詳，大約是清代的版本。據《故宮珍本叢刊》本，作為校錄底本，校注整理。字數大約7.5萬。

《御定卜筮精蘊》這本著作，是「京氏易六親占法」體例的一個精編本，大量內容都是從之前的古籍中來。作者去粗取精，去偽存真，也是具有一定研究價值的著作。

【編按：以上大部分版本，輯入《心一堂易學經典叢刊》或《心一堂術數古籍珍本叢刊》】

## （三）

我為什麼要把這些古籍著作，定名為「京氏易六親占法」呢？既是為了給「京氏易」正名，也是為了統一學術稱謂，不至於與其他占卜方式混淆。

從上世紀八十年代後，社會上「大師輩出」，他們提出很多新奇的名詞，什麼「金錢占卦法」、「六爻預測法」、「新派六爻法」、「太極預測法」、「無極預測法」、「盲派六爻」、「道家六爻」，「道家換宮六爻」等等，不一而足。這其中以簡稱「六爻」者為多，因此，「六爻」這個名詞，就成為民間大眾對「京氏易六親占法」的俗稱了。他們還將「京氏易六親占法」體系預測方法，分成什麼「傳統派」，「新派」，「象法派」，「理法派」、「盲派」等等，在學術上造成了一些混亂。我認為，早期邵偉華先生用《周易預測學》之名，是為了避免當時意識形態影響的原因而採用的名稱，但之後出現的各種名稱，無非是為了標新立異，吸引讀者眼球，或是有欺騙讀者的廣告嫌疑。因此，現在已經到了必須為「京氏易六親占法」正名的時候了。

古人所稱的「六爻占」法，是採用卦爻辭和象辭進行預測的方法，如《新鍥纂集諸家全書大成斷易天機》第三、四卷，其中就有「六爻詩斷」的內容，讀者可以參閱。

《京氏易傳》是將六十四卦，分屬乾、震、坎、艮、坤、巽、離、兌八宮，一宮統八卦。八宮所屬五行，乾、兌宮屬金，震、巽宮屬木，坎宮屬水，離宮屬火，坤、艮宮屬土。每個卦所附「父母、官鬼、兄弟、子孫、妻財」等六親，是根據這個卦原來所屬之宮的五行，按「生我者為父母、我生者為子孫、剋我者為官鬼、我剋者為妻財、比和者為兄弟」的體例，推演得來的。預測時以六親類比事物的爻，也稱為「用神」，「用爻」，「用事爻」等等，用來分析事物的吉凶發展趨勢。

《火珠林·序》曰：「繼自四聖人後，易卜以錢代蓍，法後天八宮卦，變以致用，實補前人未備之一端，見《京房易傳》，未詳始自何人。先賢云：『後天八宮卦，變六十四卦，即《火珠林》法』，則是書當為錢卜所宗仰也，特派衍支分，人爭著述，炫奇標異，原旨反晦。今得麻衣道者鈔本，反覆詳究。其論六親，財官輔助，合世應、日月、飛伏、動靜，並尅害、刑合、墓旺、空沖以定斷。與時傳易卜，同中有異，古法可參。如所云『卦定根源，六親為主，爻究傍通，五行而取』，即《京君明海底眼》『不離元宮五向推』之旨也」。

《海底眼·六親》曰：「六親占法少人知，不離元宮五向推」。本書提出「六親占法」的概念，我認為是最能代表京氏易預測體系特徵的名稱，比之「納甲」和「六爻」的說法，更為名實相符，客觀合理一些。

基於京氏易預測體系的特徵，我認為，凡採用京氏易體系預測理論及方法，就應該稱為「京氏易六親占法」，或者稱為「京氏易六親預測法」，或簡稱為「六親占法」、「六親預測法」為宜。

《論語·子路》曰：「子曰：『必也正名乎』」，「名不正，則言不順；言不順，則事不成」。經歷了二十多年的混亂，現在是到了應該為「京氏易六親占法」正名的時候了。為什麼要為「京氏易六親占法」正名呢？只有名正，實符，稱謂統一，大家交流才會順暢，有共同語言，理解才不會產生歧義，進行學術的研究才能進入正軌。同時，也可以讓後來的學習者，不被社會上各種廣告性名詞所欺騙和誤導。

## （四）

根據我在社會上和網絡上的多年學習和實踐觀察，發現目前在「京氏易六親占法」學習上，普遍存在著一些誤區，應該引起大家的注意。

一是由於國家對於術數，持比較低調的態度，出版的古籍由於選擇底版的不足，即使是正規出版的書籍，因編輯自身能力的原因，也存在太多錯誤，或者出現一些缺漏，影響了讀者的正常學習。加上這二十多年來，「大師」輩出，他們印刷了很多並非合法的資料，還有一些人，將一些資料東拼西湊成書，更是誤導了很多讀者。

二是有些人認為，「京氏易六親占法」不如「三式」準確，「三式」才是術數中最好，最準確的。《四庫全書總目•術數二•六壬大全》：「六壬與遁甲、太乙，世謂之三式」。根據我和很多朋友的交流和實踐，我認為，術數無高低之分，只有學得好與不好之別，沒有任何一門術數可以稱為是最準確和最好的。讀者應該根據各自的興趣愛好，選擇適合自己學習種類。

三是有些人認為，只有找「大師」學習，得到所謂秘訣，才能學好用活。我們知道，早期由於歷史的原因，古籍資料獲得不易，大家尋求不到可以學習的資料，因此造成很多不明真相的後學，被一些「大師」矇騙錢財。我認為，學習任何術數，都沒有所謂的秘訣，只有基礎知識扎實，才是最好的秘訣。另外，在網絡上，很多群和聊天室，大多數人都還停留在猜謎語式的猜測中，不能客觀的運用「象數理占」的基本分析方法，去進行分析判斷，既可能誤導求測人，又對自己的學習無益，這樣的現象是不太正常的。我認為在現代社會，每個人都可以利用網絡，獲取各種資料信息，應該多讀一些書，多和不同的人去交流，利用網絡資源去學習，在實踐中去加深對理論和基礎知識的理解，要把每一個求測人都當作老師，從他們反饋的客觀信息，不斷有意識、有條理的訓練自己。只要不斷努力積累各種基礎知識以及社會常識，勤於記錄，多作積累，自然就能學得好、用得活。當然，如果有機會和條件的話，有老師指導學習，是可以少走一些彎路的。對於有自學能力的人來說，只要有精良的書籍版本，自學也是可以成功的。

四是有些人認為，「京氏易六親占法」預測，只有採用乾隆銅錢搖卦，才是最準確的。據可考的古籍記載，我國最早的成卦方式，應該是「蓍草揲蓍」法，即分數蓍草，得數以成卦的方法。除此之外，後世的先賢們，還創造了多種成卦的方法，例如「以錢代蓍」，「風角」，「字畫」，「數字」等各種成卦方法，讀者可參考《梅花易數》及其他相關書籍，去瞭解這些應用方法。對於各種成卦方式，古今均有各種非議，即使是目前被大家認同的「以錢代蓍」法，據《易隱》記載，也曾經被京房之師焦延壽批評過。《易隱•以錢代蓍法》曰：「焦延壽曰：今人以蓍草難得，用金錢代之。法固簡易，非其類矣。求蓍之代者，太極丸其庶幾乎。考諸陰陽老少之數，則合。質諸成爻成卦之變，則符。合二三得五，是五行之數也。計一丸得十五，是河圖中宮十五之數，洛書縱橫十五之數也。刑同六合，道備三才，甚矣。木丸之似蓍草也，則猶從其類也。金錢簡易云乎哉」。

現代的「大師」們，跟隨古代一些崇古的人，發展了這種崇古的思維。他們認為，乾隆銅錢具有良好的導電性，可以傳遞什麼古代信息，殘存信息，未來信息等等，因此只有採用乾隆銅錢成卦才是最好的，如果採用其他的銅錢成卦，就可能會造成信息不準確。還有人認為，只有採用乾隆銅錢成卦，信息量就大，用其他方式成卦，則會造成信息量不足。

我認為，以上這些說法，是十分滑稽可笑和荒謬的，沒有任何理論和實踐的依據。而只是出於他們崇古的思維，或限於他們自己僅會某種方法，或出於其他目的，或出於他們並沒有真正理解《易經》「感而遂通」之理，均屬無稽之談，讀者不可盲目迷信。

《易冒•自序》曰：「古之人，有以風占、鳥占、諺占，言語卜、威儀卜、政事卜，是無卜筮，而知吉凶也。況蓍草、金錢、木丸之占，而必執同異相非乎」？又曰：「愚以為：易者，象也；象也者，像也。其辭則異，其象則符。但告於蓍則以蓍占，告於五行則以五行占，告於焦氏則以焦氏占可也。其成卦成爻一也」。一個盲人，尚且具有如此見識，實可令以上非議之人汗顏。

我認為，時代在不斷變化，我們現在已經進入電腦手機時代，很多網上的排盤系統，都是十分快捷的方法。為人預測和給自己預測，不管採用何種方式成卦，都可以獲取與求測的人和事物相關的客觀信息。各種成卦方式的原理，不在於所謂「導電性」，「感知性」，而是在於《易傳》所說的「感而遂通」。其要點在於，求測人求測時的「一念之誠」，即客觀的說明需要預測的事物，不可雜亂。

五是有些人認為，預測的結果，吉凶應該就是唯一的。我們知道，人們預測的目的，就是為了「趨吉避凶」，不是僅僅需要知道一個所謂吉凶的結果，而是希望讓事物能夠向有利於自己的方向，得到改善和發展。這樣不是很矛盾嗎？既然吉凶的結果是唯一的，如何又能「趨吉避凶」呢？預測又有什麼意義呢？換言之，既然可以「趨吉避凶」，那吉凶結果就不可能是唯一的，是可以因人因事而發生改變的。以上兩種看法，看似悖論。

「京氏易六親占法」，給看似無序的天地和人事，架構了一個對應的坐標。利用這個坐標，我們就可以分析、判斷、選擇出有利於我們的為人處世方式。客觀的說，任何預測方法，任何人預測，都不可能和客觀的事物完全準確對應，總是存在有不對應的情況發生。大多數時候，求測人所需要面對的，是對於未來事物的發展，如何去選擇的取捨問題。因此，預測師要根據卦中顯示的信息，客觀的解讀，幫助求測人找到存在的問題，以及產生問題的原因，指導求測人改善不客觀的認識，尋找正確的方法，以達到「趨吉避凶」的目的。《增刪卜易•趨避章》曰：「聖人作易，原令人趨吉避凶。若使吉不可趨，凶不可避，聖人作之何益？世人卜之何用」？

我們也必須知道，並不是所有的人和事物，都是可依主觀的變化而發生改變的。這是需要求測人能按照預測師的指導，自己首先認識，按照可以向好的方向轉化的方式，堅持努力調整，才可以達成事物向有利於自己的方向去發展的。如果求測人不能認識，即使知道問題所在，也不願意去努力調整，那麼事物就會沿著之前的方向運行下去。

我的看法，預測是對事物發展過程，發展趨勢的分析判斷，其預測結果也並非是唯一的，可因人、因事而發生改變。對於有些已經發生，或者處於事物運行過程末端，已經無法改變的事物，其結果可能就是唯一的。例如面臨高考，已經沒有時間改善，那麼，考試成績的結果就是唯一的。再如已經懷孕，測懷孕的是男是女，結果也必然是唯一的。對於有些還未發生，或者正處於運行過程開始的事物，其結果可以因求測人的主觀變化和調整，而發生改變，其最後的結果，就並非是唯一的了。例如測以後的高考成績，則可以根據學生的客觀情況，指導其在生理、心理的調整，學習環境、學習方法的調整方面，做出有利的改善，幫助提高學習的成績。再如測找工作，可以根據客觀的信息，指導求測人在有利的時機、有利的方位去尋找，可以做到事半功倍。

六是有些人認為，應期要絕對的對應。我們在實踐中會經常發現，應期會出現早一些和晚一些的情況。究其原因，除了預測師的自身能力以外，還有一個不能忽視的原因，即時間和空間的不確定性。愛因斯坦的廣義相對論認為：「由於有物質的存在，空間和時間會發生彎曲，而引力場實際上是一個彎曲的時空」。因此，在時空發生彎曲的情況下，出現不能完全對應的情況，是客觀存在的，也是我們必須客觀面對的。

七是社會上出現的所謂「象法派」，「理法派」，看似新的流派。「象法派」重於象而輕於理，「理法派」重於理而輕於象，這兩者各有偏頗，偏廢一端，這都是不可取的。我們知道，「象數理占」在京氏易預測分析中，是一個整體，不可偏廢。我們應該綜合應用「象數理占」的方法，整體思維，整體分析為宜。

## （五）

我們學習古代的術數方法，一方面要傳承古人的優秀文化，另一方面更要挖掘古人的智慧和方法，要結合當時的時代特徵，擴展更加廣闊的應用領域。

一是要在繼承古代優秀文化的基礎上，善於吸取古人的智慧，充分挖掘古籍的信息。有些已經發現的應用方法，例如元代著作《大易斷例卜筮元龜•占家內行人知在何處章》曰：「凡占行人在何處，子變印綬父母擬」，注釋曰：「以卦所生為爻。假令《困卦，五月卦屬火，則丁未為子爻，戊寅為父母也」，這裡隱含的提出了轉換六親的概念。由於作者沒有清晰的注釋說明，六親轉換的內容比較含糊，以致很難被讀者發現和理解。《新鍥斷易天機》轉錄此內容為：「凡占行人在何處，子變應爻父母擬」，將原文的「印綬」兩字，錯錄為「應爻」兩字，導致讀者根本無法理解，以至於後來的著作，就沒有這樣的內容了，致使「轉換六親」的方法幾乎失傳。

我在校對整理這些古籍時，看到了這樣零星的材料，按照其原理進行還原，知道了這種轉換的方法。經過多年的應用實踐，我認為認識和掌握了這種轉換的方法，我們就可以從卦中，獲取與求測人相關的更多信息，甚至發現很多用常規方式，不可能發現的信息、隱蔽的信息。可以幫助我們，尋找影響求測人和事物關係的背後原因，便於更好的為求測人提供分析和化解的有效服務。

幾種轉換六親的方式如下：

1、以世爻為「我」轉換六親。

2、以用神為「我」轉換六親。

3、以月卦身為「我」，進行轉換六親。

4、以卦中的任一爻為「我」轉換六親。

有些還沒有發現，或者古籍中還存在的隱藏線索，或者古人沒有說透的概念，例如納音的應用，也需要讀者，或者後來的學者，去不斷挖掘，不斷研究，不斷完善。

二是要在繼承的基礎上，將古人成熟的應用方法，歸納整理，擴展更寬的應用領域。

例如「象數理占」，這是京氏易預測的基本方法，所謂「象」，即事物基本的屬性具象。簡單歸納如下：

一、卦宮象：如乾宮，坤宮象等。

二、內外象：如外卦主外、高、遠象；內卦主內、低矮、近象。

三、爻性象：如陽爻有剛象，陰爻有柔象。陽主過去象，陰主未來象等。

四、爻位象：如初爻元士，二爻大夫等象。初爻主腳，三爻主腹，六爻主頭等象。

五、五行象：如甲乙寅木屬木，丙丁巳午屬火等象。五行表示對應的時間、空間之象。

六、六親象：如父母爻主父母、長輩、文章、老師、論文、文憑、證件、證據、防護裝備，信息物品等象。

七、六神象：如青龍主喜，主仁、酒色等象。

八、進退象：如寅化卯為進，卯化寅為退等象。

九、世應象：世為己，應為人；婚姻關係，合作關係等象。

十、卦名象：如「夬」有抉擇之象，「蠱」有內亂之象。

十一、卦辭象：如乾卦象曰：「天行健，君子以自強不息」等預示之象。
十二、爻辭象：如乾卦初九象曰：「潛龍勿用，陽在下也」等預示之象。
十三、納音象：如甲子乙丑海中金之類象。
十四、理象：如生尅制化，刑沖合害等象。
再如飛伏方法的應用，《易林補遺》曰：「爻爻有伏有飛，伏無不用」，但作者又認為飛伏的應用，僅僅是「若卦內有用神，不居空陷，不必更取伏神。如六爻不見主象者，卻取伏神推之」。
我們知道，伏神表示隱藏的信息。因此世爻下的伏神，是可以表示求測人的潛意識，或者內心思維的。從伏神與飛神的關係，可以得知求測人自身的心理狀態。另外，如世下伏神與應爻沖尅，也可以表示求測人與對方內心抵觸，或者言語衝突。
三是在學習的過程中，不能迷信古人，認為古人所論都是對的。要根據京氏易的基本原理和方法，不斷的創新思路，尋找更多更好的應用方法。
例如預測疾病，《天玄賦》論疾病曰：「決輕重存亡之兆，專察鬼爻。定金木水火之鄉，可分症候」，古人基本上是以官鬼爻去論病。
例如：癸巳年　壬戌月　辛亥日　丙申時，測疾病？
我們既要繼承古人一些好的理論方法和應用方式，但也不必象古人那樣，執定鬼爻為

| 時間：癸巳年　壬戌月　辛亥日　丙申時（日空：寅卯） | | | | | | | | |
|---|---|---|---|---|---|---|---|---|
| 占事：測疾病？ | | | | | | | | |
| | 艮宮：艮為山（六沖） | | | | 巽宮：山雷頤（遊魂） | | | |
| **六神** | **本　卦** | | | | **變　卦** | | | |
| 騰蛇 | 官鬼丙寅木 | ▅▅▅▅▅ | 世 | | 官鬼丙寅木 | ▅▅▅▅▅ | | |
| 勾陳 | 妻財丙子水 | ▅▅　▅▅ | | | 妻財丙子水 | ▅▅　▅▅ | | |
| 朱雀 | 兄弟丙戌土 | ▅▅　▅▅ | | | 兄弟丙戌土 | ▅▅　▅▅ | 世 | |
| 青龍 | 子孫丙申金 | ▅▅▅▅▅ | 應 | ○→ | 兄弟庚辰土 | ▅▅　▅▅ | | |
| 玄武 | 父母丙午火 | ▅▅　▅▅ | | | 官鬼庚寅木 | ▅▅　▅▅ | | |
| 白虎 | 兄弟丙辰土 | ▅▅　▅▅ | | ╳→ | 妻財庚子水 | ▅▅▅▅▅ | 應 | |

病，可以根據京氏易的基本原理，和基本方法去分析判斷。

此卦午火被亥子水尅，寅木雖然旺相但旬空，表示求測人身體存在氣血兩虛的現象。六爻寅木雖然有日令亥水生合，內卦三合子水生，但遇旬空不受生，因此，會有頭暈的現象，這是由於腦供血不足造成的，還會有記憶力減退的現象。應該找醫生去檢查，及時治療和調整。這樣去分析，才能客觀對應求測人的客觀現象。

（六）

我出生於二十世紀五十年代，由於父親過早的去世，我勉強讀了個小學，後來由於文革，加上家庭生活困難，我也沒能繼續讀書。一九七零年，我還不滿十六歲，就開始參加工作了，所以文化知識十分貧乏。進入八十年代，是中國社會開始發生大變革的時代，是人們知道文化知識貧乏，渴望讀書的時代，也是人們普遍感覺迷茫的時代，我生活於這個時代，也不可避免會產生對不可知的未來的困惑。

八十年代末期，隨著改革開放，《周易》慢慢也被解禁，國內開始了一個學習易學和術數預測的高潮。我也是這個時期，開始接觸到《易經》，從中體會到古人的一些智慧。邵偉華先生的《周易預測學》出版問世，我看到他在辦函授班，也參加了第二屆函授。後來，國家開始了搶救古籍的工作，出版了一批術數類古籍，我先後購買了這些書籍，開始進行自學。一九九三年，我得到《增刪卜易》這本著作，雖然此書編輯十分混亂，但還是引起我對「京氏易六親占法」的極大興趣。一九九五年，劉大鈞先生的《納甲筮法》出版，我從中深入瞭解到「京氏易六親占法」的基礎知識，然後長期實踐，深入研究和理解。一九九七年，我參加過山東大學周易研究中心舉辦的「首屆大易文化研討班」，這次也發了一本他們自己編寫的《增刪卜易》，對比我以前買的版本，好了很多。從此，我放棄了之前所學的其他術數方法，只對與「京氏易六親占法」相關的著作感興趣了。這個時期的自學，由於環境因素的影響，基本上是偷偷進行的。

九十年代後期，由於有了互聯網，我開始在網上和一些朋友討論和交流，在這個過程中，發現很多想學習的朋友，因為沒有資料，學習起來十分困難。基於這種情況，我開始用手頭的資料，錄入整理成電子文本，供易友們學習。再後來，隨著互聯網的發展，網上資料的增多，我經過對照發現，現代出版的古籍，錯漏太多，同時，因為古籍生僻字太多，加上沒有注釋，很多後學的朋友感覺學起來不易，也為了我自己對這一門學術研究的需要，因此，觸發了我想把「京氏易六親占法」相關的古籍，重新校注整理的想法。

我和易友鼎升，本著「為往聖繼絕學，為後世傳經典」的基本精神，十幾年來，到處搜求，各處尋找，也得到很多易友的幫助，終於收集到一批古籍資料，我從中選取有傳承價值，以及有研究價值的十幾個古籍版本，進行校對注釋整理，經歷十多年的不懈努力，終於完成了這一工作。希望能為有志於傳承這一門學術的朋友，提供最原始的資料，也希望能讓後來的學者少走彎路。

在這套古籍著作的校注整理過程中，得到「鼎升」先生的很多具體指導，以及「冰天烈焰」、「犀角尖尖」，「天地一掌中」等網友提供的原版影印古籍資料，也得到「漢典論壇」等網絡上很多朋友的幫助，在此一併向他們致謝。書中有些注釋資料，來源於網絡，未能一一加以說明，也請原作者諒解。

雖然經歷了十幾年的多次校對，注釋，整理，但書稿中不可避免還會存在一些問題，希望能得到方家的指正，也希望得到讀者的批評，在有機會的情況下，再作進一步的修訂，不至於誤導讀者。

京氏易學愛好者　湖北省潛江市　周光虎

撰於己丑年夏至日 公曆 2009年6月21日 星期日

2017年9月28日9時40分星期四　重新修訂

網名：虎易

# 《京氏易傳》

## 校注整理說明

一、《京氏易傳》一書，由於各種原因，目前傳世的僅有明清時期三個較早的版本。《四部叢刊》景印「天一閣」刊本，《漢魏叢書》•明•新安程榮校本，及《欽定四庫全書》本，其中最早的一個版本，應該是【明•兵部侍郎范欽訂】《四部叢刊》景印「天一閣」本，後兩個版本，大約都是根據此本校刻的。

二、本書卷下「景迂嘗曰：余自元豐壬戌偶脫去舉子事業，便有志學易，而輒本好王氏，妄以謂弼之外，當自有名象者，果得京氏傳，而文字顛倒舛訛，不可訓知。迨其服習甚久，漸有所窺，今三十有四年矣，乃能以其象數，辨正文字之舛謬」。現觀此書，「而文字顛倒舛訛」之處，仍然是存在的。

三、《京氏易傳•卷下》「晁氏公武曰」之後的內容，原版併在「窮理盡性於茲矣」後。考其內容，大多是從《郡齋讀書志》轉錄而來，應該不是《京氏易傳》原本的內容，因此單獨分出，作爲附錄。

四、此稿校注整理，以《四部叢刊》景印「天一閣」刊本爲底本，校正整理。

五、此次校注整理，主要工作，是對原文進行校對，對個別內容進行注釋。對原文中明顯的編排錯誤，用「虎易按」的方式校注說明。對於其他存疑的內容，不在本稿進行，留待以後專門研究，另外說明。

六、原版中採用小號字體的注釋內容，大約是陸績的注，現依照原版方式採用小號字體，不另在文中說明。

七、以上版本原文均無標點，現根據原文之意，以我自己的理解，採用現代標點方式標點。不當之處，還請方家不吝指正。

八、對於生僻字，採用《漢典》現代漢語拼音注音，採用脚注方式注釋。對一些人物、名詞，及考據、注釋資料，均採用脚注方式注釋。

九、對原文中明顯的錯字、訛字、脫字、衍字，在文中直接改正，用「校勘記」在每段文字後進行說明。對同一訛字，只在原文第一次出現時說明，其他地方不另作說明。對脫漏的內容，根據本書體例，依原文行文方式補入，用「校勘記」說明。

湖北省潛江市易學愛好者

虎易

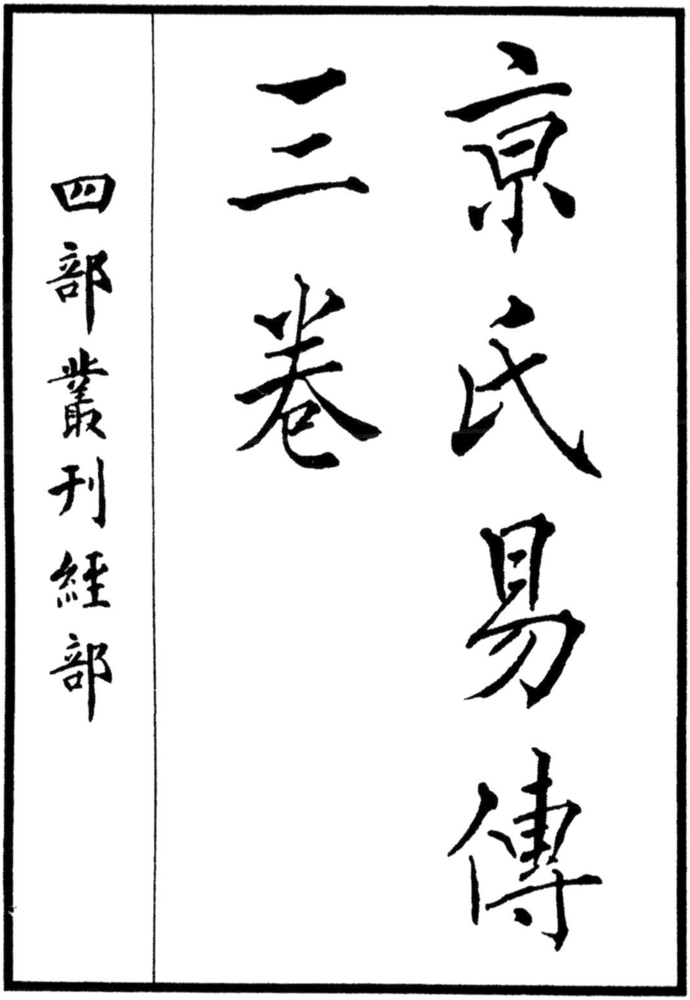
京氏易傳
三卷
四部叢刊經部

京氏易傳（《四部叢刊》景印天一閣刊本））

心一堂版《京氏易傳》四部叢刊版書影（二）

上海涵芬樓景印天
一閣刊本原書版匡
高營造尺六寸五分
寬四寸九分

# 京氏易傳三卷

漢　東郡　京房　著
吳　鬱林太守　陸績　注
明　兵部侍郎　范欽　訂

# 京氏易傳目錄

## 上卷



## 中卷

# 京氏易傳卷上

漢 東邵 京房 著
吳 鬱林太守 陸績 注
明 兵部侍郎 范欽 訂

# ䷀乾下乾上，《乾》。

純陽用事①。象配天，屬金②。與《坤》爲飛伏③，宗廟㊀居世④。壬戌土，癸酉金⑤。《易》云：「用九，見群龍無首吉⑥」。純陽，用九之德。九三，三公爲應⑦。肖乾乾夕惕之憂。甲壬配內外㊁二象⑧。《乾》爲天地之首，分甲壬入《乾》位。

積算起己㊂巳火至戊辰土，周而復始。吉凶之兆，積年起月，積月起日㊃，積日起時，積時起卦入本宮。

五星從位⑨起鎮星⑩，土星入西方，麗西北，居壬戌，爲伏位。參宿⑪從位起壬戌。壬戌在世，居宗廟。

建子起潛龍⑫，十一月冬至⑬，一陽生。建巳至極主亢位⑭。四月龍見於辰，陽極陰來，吉去凶生，用九吉。

虎易按「建子起潛龍」是月卦體例。本書脫漏建始、積算、氣候內容，按本書配建始體例，應作「建己巳至甲戌」，小滿、寒露。按本書配積算體例，應作「積算起甲戌至癸酉」。按本書配氣候體例，應作「分氣候二十八」。

配於人事，爲首，《乾》爲首也。爲君父。《乾》象堅剛，天地之尊，故爲君父。於類，爲馬，爲龍。天行運轉不息。

降五行，頒六位⑮。十二辰分六位⑯，升降以時，消息吉凶。居西北之分野，陰陽相戰之地。《易•說卦傳》云㊄：「戰乎乾⑰㊅」。《乾》爲陽，西北陰，陽入陰，二氣盛必戰。天六位，地六氣，六象六包，四象分萬物。陰陽無差，升降有等。陰陽二十四節氣⑱㊆，律呂⑲調矣。人事吉凶，見乎其象，造化⑳分乎有無。故云：「變動不居，周流六虛㉑」。六位純陽，陰象在中㉒。陽中陰，陰中陽。陽爲君，陰爲臣。陽爲民，陰爲事。陽實陰虛，明暗之象，陰陽可知。三五爲陽，二四爲陰，初上潛亢。水配位爲福德，甲子水，是《乾》之子孫㉓。木入金鄉居寶貝，甲寅木，是《乾》之妻㊇財㉔。土臨內象爲父母，甲辰土，是《乾》之父母㉕。火來四上嫌相敵，壬午火，是《乾》之官鬼㉖。金入金鄉木漸微。壬申金，同宮㊈傷木㉗。宗廟上建㉘，戌亥《乾》本位㉙。戌亥《乾》之位。陽極陰生。降入《姤》卦。八卦例諸。

## 注釋

① 純陽用事：《乾》卦六爻都是陽爻，世爻也是陽爻，因稱「純陽用事」。

② 象配天，屬金：《易•說卦傳》曰：「《乾》爲天、爲金」。

③ 與《坤》爲飛伏：指《乾》卦與其對宮《坤》卦互爲飛伏。飛爲顯，指本卦《乾》卦的卦爻爲飛。伏爲隱，指對宮卦《坤》卦的卦爻隱伏在《乾》卦之下。以下各卦論飛

伏均同此例，不另作注釋。

④宗廟居世：京氏以爻位配人事、地位的體例如下：初爻爲元士，二爻爲大夫，三爻爲三公，四爻爲諸侯，五爻爲天子，上爻爲宗廟。此處指《乾》卦上九爻爲世爻。以下各卦均以此爲例，不另行注釋。

⑤壬戌土，癸酉金：指世爻飛伏。即《乾》卦上爻爲世爻，納干支爲「壬戌土」，其所伏《坤》卦上爻，納干支爲「癸酉金」。以下各卦飛伏均同此例，不另作注釋。

⑥用九，見群龍無首，吉：語出《易・乾・用九》爻辭。

⑦三公爲應：指《乾》卦九三爻爲應爻，與處於上九爻的世爻相對應。

⑧甲壬配內外二象：指《乾》卦內卦配天干爲「甲」，外卦配天干爲「壬」。（配天干也簡稱爲「納甲」）

⑨從位：指從世爻之位。以下各卦均以此爲例，不另行注釋。

⑩鎮星：即土星。我國古代以爲土星每二十八年運行一周天，好像每年坐鎮二十八宿中的一宿，故名。

⑪參（shēn）宿：二十八宿之一，西方白虎七宿之第七宿。參九度。

⑫建子起潛龍：《乾》初九曰：「潛龍勿用」，此句以「潛龍」喻初九爻。此處指建「子」月在初九爻。（按：京氏建月體例：世爻爲陽爻，就從初爻開始建子，二爻建丑，三

爻建寅，四爻建卯，五爻建辰，上爻建巳。世爻爲陰爻，就從初爻開始建午，二爻建未，三爻建申，四爻建酉，五爻建戌，上爻建亥。以下各卦均以此體例，不另行注釋。）《乾》卦世爻爲陽爻，因此從初爻開始建「子」。

⑬十一月冬至：指「冬至」大約對應陰曆的十一月，「冬至」爲「子」月中氣。

⑭建巳至極主亢位：《乾》上九曰：「亢龍有悔」，此句以「亢位」喻上九爻。此處指建「巳」月在上九爻。

⑮降五行，頒六位：指配天干地支五行於六個爻。

⑯十二辰分六位：十二辰指十二地支，以陰陽歸類各有六個地支，分別配於每個卦的六個爻。

⑰戰乎乾：語出《易•說卦傳》。

⑱節氣：代表地球在公轉軌道上運行的位置。每十五度設一個，共有二十四個節氣，兩個節氣間平均差約十五天，但因地球繞日速度隨距日遠近而變，所以節氣間距略有不同。古代天文家以二十四氣分配十二月，在月首的稱爲「節氣」，如立春、清明；在月中的稱爲「中氣」，如雨水、春分；二者又通稱爲「節氣」。《黃帝內經•素問》：岐伯曰：「五日謂之候，三候謂之氣，六氣謂之時，四時謂之歲」。

⑲律呂：比喻準則、標準。

⑳造化：自然界的創造者。亦指自然，創造化育。福份；幸運。

㉑變動不居，周流六虛：語出《易・繫辭傳》。

㉒六位純陽，陰象在中：指《乾》卦六個爻都是陽爻，但陰象隱伏其中。以爻位論，初、三、五爻爲陽位，二、四、六爻爲陰位。以飛伏論，《乾》卦爲飛屬陽，《坤》卦爲伏屬陰。

㉓甲子水，是《乾》之子孫：指《乾》卦初爻配天干地支爲甲子，其地支「子」五行屬水，水受《乾》卦五行屬性金所生，配六親爲子孫爻。

㉔甲寅木，是《乾》之妻財。指《乾》卦二爻配天干地支爲甲寅，其地支「寅」五行屬木，木受《乾》卦五行屬性金所剋，配六親爲妻財爻。

㉕甲辰土，是《乾》之父母。指《乾》卦三爻配天干地支爲甲辰，其地支「辰」五行屬土，土能生助《乾》卦五行金，配六親爲父母爻。

㉖壬午火，是《乾》之官鬼。指《乾》卦四爻配天干地支爲壬午，其地支「午」五行屬火，火能剋制《乾》卦五行金，配六親爲官鬼爻。

㉗壬申金，同宮傷木。指《乾》卦五爻配天干地支爲壬申，其地支「申」五行屬金，申金與《乾》宮五行屬性金相同，配六親爲兄弟爻。

㉘宗廟上建：指上爻爲宗廟位，建世爻於上爻。

㉙戌亥《乾》本位：《乾》卦在後天八卦方位中，配於西北方。地支戌亥在後天八卦方位中也配於西北方，此處指西北方爲《乾》卦本位。

# 校勘記

㈠「宗廟」，原本脫漏，據「宗廟上建」，及本書爻位名稱體例補入。

㈡「內外」，原本作「外內」，疑誤，據其納甲順序，內卦納「甲」，外卦納「壬」改作。

㈢「己」，原本「已、己、巳」三字都刻作「巳」字，此處當作「己」字。後文遇此三字，據其文意直接改正，不另作校勘說明。

㈣「積月起日」，原本脫漏，據注文之意補入。

㈤「《易•說卦傳》云」，原本作「易云」，疑誤，據其內容來源改作。

㈥「戰乎乾」，原本作「戰於乾」，疑誤，據《易•說卦傳》改作。

㈦「節氣」，原本作「候」，疑誤，據其文意改作。

㈧「妻」，原本脫漏，據六親名詞補入。

㈨「同宮」，原本作「同位」，疑誤，按「金入金鄉」之意，應該是指「壬申金」與《乾》宮屬性爲金相同，據此改作。

## ䷫巽下乾上，《姤》。

陰爻用事①。金木互體②，天下風行曰姤。姤，遇也。《易》曰：「柔遇剛也③㊀」。一陰初生，陽氣猶盛，陰未爲敵。與《巽》爲飛伏。元士居世，辛丑土，甲子水。，尊就卑，子孫與父母相代位④。定吉凶，只取一爻之象。多以少爲貴。九四諸侯，堅剛在上，陰氣處下。

《易》云：「繫於金柅⑤」。《巽》積陰入陽，辛壬降内外象⑥。

建庚午至乙亥。芒種，小雪。積算起乙亥水至甲㊁戊土，周而復始。災福之兆，生乎五行升降也。

五星從位起太白⑦，太白在西，居金位。井宿⑧從位入辛丑。辛丑入土，元士㊂臨母也。建午起《坤》宮初六爻⑨。《易》云：「履霜，堅冰至⑩」。建亥，龍戰於野。

戌亥是《乾》之位。《乾》伏本位，必戰。積陰之地猶盛，故戰。

配與人事，爲腹，爲母。《坤》順，容於物。於類，爲牛㊃。

**虎易按：「配與人事，爲腹，爲母。《坤》順，容於物。於類，爲牛」，本節内容，應該是描述《坤》卦的内容，似乎應該調整入《坤》卦爲宜。**

《易》云：「行地無疆⑪」。此釋一爻配《坤》象，本體是《乾》、《巽》。今贊，贊一爻起陰，假《坤》象言之。

內《巽》爲風，外㊄《乾》爲天。天下有風行，君子以號令告四方。《巽》，入也。風入於《坤》，皆動也。故知天下有風，動其物也。

天風氣象三十六候⑫。三十六候節氣，降大風象。

木入金爲始。金納木也。陰不能制於陽，附於金柅，《易》之「柔道牽也⑬」。

五行升降，以時消息。陰蕩陽，降入《遁》。《天山遁》卦。

## 注釋

① 陰爻用事：指《姤》卦初爻是陰爻，也是世爻之位。

② 金木互體：指《姤》卦上《乾》屬金，下《巽》屬木。

③ 柔遇剛也：語出《易・姤》彖辭。

④ 子孫與父母相代位：指《乾》初爻子孫子水，被《姤》初爻父母丑土取代其位置。

⑤ 繫於金柅：語出《易・姤・初六》爻辭。金柅（nǐ）：金屬制的車剎。《易・姤》：「初六，繫於金柅，貞吉」。王弼注：「金者堅剛之物，柅者制動之主」。朱熹本義：「柅，所以止車，以金爲之，其剛可知」。

⑥ 辛壬降內外象：指《姤》卦內三爻納甲爲辛，外三爻納甲爲壬。

⑦ 太白：指金星。

⑧井宿：二十八宿之一，南方朱雀七宿之第一宿。井三十三度。

⑨建午起《坤》宮初六爻：指建「午」在初六爻。《姤》卦世爻爲陰爻，因此從初爻開始建「午」月。《姤》卦初六爻是從《坤》卦初爻交換來的。

⑩履霜，堅冰至：語出《易・坤・初六》爻辭。

⑪行地無疆：語出《易・坤》彖辭。

⑫候：古代計時單位，五天爲一候。《黃帝內經・素問》：岐伯曰：「五日謂之候，三候謂之氣，六氣謂之時，四時謂之歲」。

⑬柔道牽也：語出《易・姤・初六》彖辭。

## 校勘記

㈠「柔遇剛也」，原本作「陰遇陽」，疑誤，據《易・姤》彖辭改作。

㈡「甲」，原本作「丙」，疑誤，按本書配積算體例改作。

㈢「元士」，原本作「元土」，疑誤，據爻位配人事、地位體例改作。

㈣「牛」，原本作「馬」，疑誤，據《易・說卦傳》「坤爲牛」改作。

㈤「外」，原本脫漏，據《乾》處於外卦補入。

## 艮下乾上，《遁》。

陰爻用事。陰蕩陽遁，金土見象，山在天下爲遁。《遁》，退也。陰來陽退也。小人君子污隆①，契斯義也。《易》云：「遁世無悶②」。與《艮》㊀爲飛伏。大夫居世，丙午火，甲寅木㊁。建辛未爲月③，九五㊂得應，與君位遇建焉。臣事君，全身遠害。《遁》，侯時④也。

建辛未至丙子。從六月至十一月也㊃。陰陽遁去，終而伏位。積算起丙子至乙亥，周而復始。火土同宮⑤，天與山《遁》。

**虎易按：「從六月至十一月也」，按本書建節氣體例，應該是「大暑，大雪」。陽消陰長，無專於敗。《周易乾鑿度》云㊄：「能消者息㊅，必專者敗」。**

五星從位起太陰⑥，鬼宿⑦入位降丙午㊆。丙午臨大夫㊇。

配於人事，爲背，爲手。《艮》爲背、手。於類，爲狗，爲山石。

**虎易按：「配與人事，爲背，爲手。《艮》爲背、手。於類，爲狗，爲山石」，本節內容，應該是描述《艮》卦的內容，似乎應該調整入《艮》卦爲宜。**

內外升降，陰陽分數二十八候。分陰陽進退。

土入金爲緩，積陽爲天，積陰爲地。山所地高峻，逼通於天。是陰長陽消，降入《否》。陰逼陽去，入《天地否》卦。

## 注釋

①污隆：指升降、高下。

②遁世無悶：語出《易・乾・文言・初九》爻辭。

③建辛未爲月：《遁》卦世爻在二爻，也爲陰爻，按陰世從初爻起「午」，順數至二爻爲「辛未」月。

④俟（sì）時：等待時機。

⑤火土同宮：指世爻屬火，與《艮》土同在内卦。

⑥太陰：指水星。

⑦鬼宿：二十八宿之一，南方朱雀七宿之第二宿。鬼四度。

## 校勘記

㈠「艮」，原本作「民」，疑誤，據《欽定四庫全書》本改作。

㈡「甲寅木」，原本作「丙寅木」，疑誤，據其納甲體例改作。此注原本置於「建辛未爲月」後，據《乾》卦排列體例，調整至此。

㈢「九五」，原本作「六二」，疑誤，據世應配位體例改作。

㈣「從六月至十一月也」，此注原本置於「終而伏位」後。據其内容，調整至此。

㈤「《周易乾鑿度》云」，原本作「《繫》云」，疑誤，據其内容來源改作。

㈥「能消者息」，原本作「能消息者」，疑誤，據《周易乾鑿度》改作。

㈦「丙午」，原本作「丙辰」，疑誤，據星宿配位體例改作。

㈧「丙午臨大夫」，原本作「丙午臨元士」，疑誤，據爻位配人事、地位體例改作。

# ䷋ 坤下乾上，《否》。

內象陰長，純陰用事㊀。天氣上騰，地氣下降，二象分離，萬物不交也。小人道長，君子道消。陰小人，陽君子。《易》云：「否之匪人①」。與《坤》爲飛伏。三公居世，乙卯木，甲辰土。上九宗廟爲應。君子以俟時，小人爲災。乙卯泰來。

建壬申至丁丑，陰氣浸長。七月立秋，至十二月大寒。積算起丁丑至丙子，周而復始。申㊁金丑土同宮，吉凶見矣。

五星從位起歲星②，木星入卦用事。柳宿③從位降乙卯。乙卯臨三公。

氣分氣候三十六。六六三十六，積算吉凶。

陰陽升降，陽道消鑠，陰氣凝結，君臣父子各不追及④。陰蕩陽來，道行矣。《易》云：「其亡其亡，繫於苞桑⑤」。苞桑，則叢桑也。天地清濁，陰薄音博陽消，天地盈虛，與時消息。危難之世，勢不可久。

五位既分，四時行矣。君子當危難世，獨志難，不可久立特處，不改其操，將及泰來。上九云：「否終㊂則頃，何可長也⑥」。否及則泰來。陰長降入於《觀》。九四被陰逼，入《觀》卦。

## 注釋

①否之匪人：語出《易•否》卦辭。

②歲星：即木星。古人認識到木星約十二年運行一周天，其軌道與黄道相近，因將周天分爲十二分，稱十二次。木星每年行經一次，即以其所在星次來紀年，故稱歲星。

③柳宿：二十八宿之一，南方朱雀七宿之第三宿。柳十五度。

④迨（dài）及：達到，等到。

⑤其亡其亡，繫於苞桑：語出《易•否•九五》爻辭。

⑥否終則傾，何可長也：語出《易•否•上九》象辭。

## 校勘記

㊀「純陰用事」，原本作「純用陰事」，疑誤，據《乾》卦「純陽用事」體例改作。

㊁「申」，原本脱漏，據前文「建壬申至丁丑」補入。

㊂「否終」，原本作「否極」，疑誤，據《易•否•上九》象辭改作。

# ䷓ 坤下巽上，《觀》。

內象陰道已成，威權在臣。雖大觀在上，而陰道浸長。與《巽》爲飛伏。諸侯臨世，辛未土，壬午火，反應元士，而奉九五。君位也。

《易》云：「觀國之光，利用賓於王①」。臣道出於六四爻也。建癸酉至戊寅，陰陽交伏。秋分至立春。積算起戊寅至丁丑，周而復始。用金爲首。金土火互爲體②。

五星從位起熒惑③，火星入卦，用事吉凶。星宿④從位降辛未。星宿入諸侯宮，木星同位。

土木分氣二十八。積算分配六位，吉凶爻定數。

陰陽升降，定吉凶成敗。取六四至於九五，成卦之終也。《易》云：「觀我生⑤」。我生即道也。又云：「風行地上⑥」。君子之德風，小人之德草也。

列象分爻，以定陰陽進退之道，吉凶見矣。地上見《巽》，積陰凝盛，降入於《剝》。九五退陰入《剝》卦。

## 注釋

①觀國之光，利用賓於王：語出《易・觀・六四》爻辭。

②金土火互爲體：大約是指世爻建酉爲金，飛辛未土，伏壬午火，金土火集於世爻一體。

③熒惑（yíng huò）：古指火星。因隱現不定，令人迷惑，故名。

④星宿：二十八宿之一，南方朱雀七宿之第四宿。星七度。

⑤觀我生：語出《易・觀・九五》爻辭。

⑥風行地上：語出《易・觀》象辭。

## ䷖ 坤下艮上，《剝》。

柔長剛滅，天地盈虛。建戌至建亥。體象金爲本，隨時運變，水土用事。成剝之義，出於上九。《易》云：「碩果不食，君子得輿，小人剝廬①」。君子全得剝道，安其位，小人終不可安也。與《艮》爲飛伏。丙子水，壬申金。天子治世②，反應大夫。

建甲戌至己卯，陰陽定候。寒露至春分。積算起己卯木至戊寅木，周而復始。吉凶之兆，見於有象。純土配金用事。

五星從位起鎮星，土星入卦。張宿③從位降丙子。張宿入天子宮。

金土分氣三十六。積算六位起吉凶，天地盈虛氣候。

《易》象云：「山附於地，剝④」。君子俟時，不可苟變。存身避害，與時消息。春夏始生，天氣盛大；秋冬嚴殺，天氣消滅。

故當剝道已成，陰盛不可逆，陽息陰專。升降六爻，反爲游魂⑤，蕩入《晉》。積陰反入《晉》卦。

## 注釋

①碩果不食，君子得輿，小人剝廬：語出《易・剝・上九》爻辭。

②天子治世：指世爻臨五爻天子位。

③張宿：二十八宿之一，南方朱雀七宿之第五宿。張十八度。

④山附於地，剝：語出《易・剝》象辭。

⑤游魂：古代指浮游的精氣。《易・繫辭上》：「精氣爲物，游魂爲變」。韓康伯注：「游魂言其游散也」。

## ䷢坤下離上，《晉》。

陰陽返復，進退不居，精粹氣純，是爲游魂。爲陰極剝盡，陽道不可盡滅，故返陽道。道不復本位，爲游魂㊀例入卦。金方以火土運用事。與《艮》爲飛伏。己酉金，丙戌㊂土。諸侯居世，反應元士。

建己卯至甲申，陰陽繼候。春分，立秋。積算起甲申金至癸未土，周而復始。游魂取象，配於正位，吉凶同矣。

五星從位起太白，卦配金星入用。翼宿①從位降己酉金。翼宿北方，入《晉》卦行事。

二象分候二十八。運配金土②，積算氣候無差於晷刻③。

吉凶列陳，象在其中矣。天地運轉，氣在其中矣。乾道變化，萬物通矣。《乾》分八卦，至《大有》復卦。

六爻交通，至於六卦。陰陽相資、相返、相剋、相生至游魂，復歸本位爲《大有》，故曰：「火在天上，大有④」，爲歸魂卦。定吉凶，配人事，五行象《乾》爲指歸⑤地。凡八卦分爲八宮，每宮八卦，八八六十四卦。定吉凶，配人事。天地、山澤、草木、日月、昆蟲，包含氣候，足矣。

## 注釋

孔穎達疏：「游魂爲變者，物既積聚，極則分散，將散之時，浮游精魂，去離物形而爲改變，則生變爲死，成變爲敗，或未死之間變爲异類也」。

①翼（yì）宿：二十八宿之一。南方朱雀七宿之第六宿。翼十八度。

②運配金土：大約指運配世爻飛己酉金，伏丙戌土。

③晷（guǐ）刻：片刻，時刻，時間。

④火在天上，大有：語出《易•大有》象辭。

⑤指歸：主旨，意向。

## 校勘記

㊀「游魂」，原本作「歸魂」，疑誤，據其變卦順序體例改作。

㊁「丙戌」，原本作「丙戌」，疑誤，據干支名稱改作。

# ䷍ 乾下離上，《大有》。

卦復本宮曰《大有》，內象見《乾》是本位，八卦本從《乾》宮起，至《大有》爲歸魂。純金用事。與《坤》爲飛伏。甲辰土，乙卯木。三公臨世，應上九爲宗廟。

建戊寅至癸未，立春正月至大暑時也。積算起癸未土至壬午火，周而復始。吉凶與《乾》卦同用。

五星從位起太陰，太陰水星，入卦用事。軫宿①從位降甲辰。二十八宿分軫星入《大有》卦用事，行度吉凶可見。

金土分象三十六候。

配陰陽升降。六位相蕩，返復其道。復歸本位也。吉凶度數與《乾》卦同分。六五陰柔，爲日，照於四方，象天行健。六龍禦天。少者爲多之所宗，六五爲尊也。柔處尊位，以柔履剛，以陰處陽，能柔順於物，萬物歸附，故曰：「照於四方②」。《易》曰：「火在天上，大有」。《離》爲火、爲日，故曰《大有》。陰陽交錯，萬物通焉。陰退陽伏，返本也。《乾》象分蕩八卦，入《大有》終也。《乾》生三男，次入《震》宮八卦。《乾》生三男，《坤》生三女。陽以陽，陰以陰，求奇耦定數於象也。

## 注釋

①軫（zhěn）宿：二十八宿之一，南方朱雀七宿之第七宿。軫十七度。

②照於四方：語出《易•離》象辭。

## ䷲ 震下震上，《震》。

分陰陽，交互用事，屬木德。取象爲雷，出自東方。震有聲，故曰雷。雷能警於萬物，爲發生之始，故取東也。爲動之主，爲生之本。《易・說卦傳》云㊀：「帝出乎震①」。安爲㊁動主，靜爲躁君。與《巽》爲飛伏。庚戌土，辛卯木。宗廟處上六。陰爲陽之主，《震》動。動須由陰陽交互，《震》動也。三公爲應㊂。

運數入丙子至辛巳，大雪至小滿。積算起辛巳至庚辰，木宮㊃配吉凶，周而復始。吉凶配木宮，以土用事。

五星從位起歲星，木星㊄入卦用事。角宿②從位降庚戌土。庚戌入《震》用事，臨上六爻庚戌土位爲元首③。

內外木上二象，俱《震》。《易》曰：「震驚百里④」。又云：「畏鄰戒也」⑤。《震》爲雷，聲驚於百里，春發秋收，順天行也，取象定吉凶。取象爲陽，配爻屬陰，故曰：陰陽交錯而爲震。

氣候分數三十六。

定吉凶於頃刻，毫厘之末，無不通也，無不備也。定陰陽數，考人之休咎。起於積算，終於六位也。

陰陽交互，陽爲陰，陰爲陽。陰陽二氣，蕩而爲象，故初九變㈥陰爲《豫》。入《豫》卦。

## 注釋

①帝出乎震：語出《易・說卦傳》。

②角宿：二十八宿之一。東方蒼龍七宿之第一宿。角十二度。

③元首：代指世爻。

④震驚百里：語出《易・震》卦辭。

⑤畏鄰戒也：語出《易・震・上六》象辭。

## 校勘記

㈠「《易・說卦傳》云」，原本作「《易・繫》云」，疑誤，據其內容出處改作。

㈡「爲」，原本作「不」，疑誤，據《欽定四庫全書》本改作。

㈢「三公爲應」，原本脫漏，據本書配世應體例補入。

㈣「木宮」，原本作「土宮」，疑誤，據《震》卦所屬五行改作。

㈤「木星」，原本作「水星」，疑誤，據《欽定四庫全書》本改作。

㈥「變」，原本作「三」，疑誤，據其文意及卦象體例改作。

# ☳☷ 坤下震上，《豫》。

卦配火水木，以爲陽用事。《易》云：「利建侯行師①」。又云：「天地以順動，故日月不過，而㈠四時不忒。《坤》順《震》動。聖人以順動，則刑罰清而民服②」。與《坤》爲飛伏。乙未土，庚子水。世立元士，爲地易③，奉九四爲正應㈡。建丁丑至壬午，大寒，芒種。積算起壬午至辛巳，以六爻定吉凶，周而復始。火土算休咎。

五星從位起熒惑，熒惑火星，入卦用事。亢宿④從位降乙未土，亢宿配乙未土。

上木下見土，內順外動，故爲悅豫。

時有屯夷，事非一揆⑤，爻象⑥適時，有凶有吉，人之生世，亦復如斯。或逢治世，或逢亂時，出處存亡，其道皆繫。《易》云：「大矣哉⑦」。

陰陽升降，分數二十八。

極大小之數，以定吉凶之道。積算壬午，入乙未推吉凶。

《豫》以陽適陰，爲內順，成卦之義，在於九四一爻。以陽蕩陰，君子之道，變之於《解》。《豫》卦以陰入陽，成九四之德。之入《解》卦，陽入陰，成解之德。

## 注釋

①利建侯行師：語出《易•豫》卦辭。

②天地以順動，故日月不過，而四時不忒。聖人以順動，則刑罰清而民服：語出《易•豫》象辭。

③地易：《京氏易傳》卷下：孔子云：「易有四易，一世二世爲地易，三世四世爲人易，五世六世爲天易，游魂歸魂爲鬼易」。《豫》卦世位在初爻，因此稱爲「地易」。

④亢(kàng)宿：二十八宿之一，東方蒼龍七宿之第二宿。亢九度。

⑤一揆(kuí)：《孟子•離婁下》：「地之相去也，千有餘裏；世之相後也，千有餘歲。得志行乎中國，若合符節，先聖後聖，其揆一也」。意謂古代聖人舜和後代聖人文王的所作所爲是完全相同的。後因以「一揆」謂同一道理；一個模樣。

⑥爻象：1、《周易》中六爻相交成卦所表示的事物形象。《易•繫辭下》：「爻象動乎內，吉凶見乎外」。孔穎達疏：「言爻者，效此物之變動也；象也者……言象此物之形狀也」。2、《周易》中的爻辭和象辭。泛指《易傳》。3、《易•繫辭下》云，「爻象動乎內，吉凶見乎外」，後因以「爻象」指吉凶。

⑦大矣哉：語出《易•豫》彖辭。原文作「豫之時義大矣哉」！

## 校勘記

㈠「而」，原本脫漏，據《豫》卦彖辭原文補入。

㈡「奉九四爲正應」，原本作「奉九四爲正正」，疑誤，據卦配世應爻體例改作。

# ䷧ 坎下震上，《解》。

陰陽積氣，聚散以時，內險外動，必散。《易•序卦傳》云㈠：「解者，緩㈡也」。解也，品滙①甲拆②，雷雨交作，《震》雷《坎》雨。積氣運動，天地剖判。成卦之義，在於九二。與《坎》爲飛伏。戊辰土，庚寅木。立大夫於世爲人，而六五降應。委權命於庶品。建戊寅至癸未，立春，大暑。推吉凶於陰陽，定運數於歲時。積算起癸未至壬午，周而復始。土火入數起宮。

五星從位起鎮星，鎮星土位。氐宿③從位降戊辰。氐宿入戊辰。

木下見水，動而險。陰陽會散，萬物通焉。升降屬陽蕩陰，以陽爲尊，尊者高而卑者低。變六三爲九三《恒》卦。

分氣候定數，極位於三十六。金水入數合卦，成數定日月時。

變《坎》入《巽》居內象，爲雷風運動，鼓吹萬物謂之《恒》。入《恒》卦。

## 注釋

①品匯：事物的品種類別。

②甲折：指草木發芽時種子外皮裂開。《易•解》：「天地解而雷雨作，雷雨作而百果

草木皆甲坼」。孔穎達疏：「雷雨既作，百果草木皆孚甲開坼，莫不解散也」。

③氐（dī）宿：二十八宿之一，東方蒼龍七宿之第三宿。氐十五度。

## 校勘記

㈠「《易•序卦傳》云」，原本作「《易云》」，疑誤，據其內容來源改作。

㈡「緩」，原本作「散」，疑誤，據《易•序卦傳》改作。

## 巽下震上，《恒》。

久於其道，立於天地。雷與風行，陰陽相得，尊卑定矣。號令發而萬物生焉，萬物得其道也，生者，道【一作「進」】也。雷風行而四方齊也。齊者，整肅。與《巽》爲飛伏。辛酉金，庚辰土。三公治世，應於上六宗廟。宗廟爻。

建己卯至甲申，春分，立秋。金木起度數，積算起甲申至癸未，周而復始。金木入宮。

五星從位起太白，太白金星，入卦用事。房宿①從位降辛酉。房宿入卦，立秋用事㊀。

上下二象見木，分陰陽於內外。內《巽》陰，外《震》陽。

氣候分數二十八㊁。金木入卦分節候。

九三至於陽屯之位，不順所履，無定其位。《恒》者，常也。而九三以陽居位，立於陰陽交互之上，是知不久爲口所然口㊂。

《易》云：「不恒其德，或承之羞②」。陰陽升降，反於陰。君道漸進，臣下爭權，運及於《升》。次降入《升》卦。

### 注釋

①房宿：二十八宿之一，東方蒼龍七宿之第四宿。房五度。

②不恒其德，或承之羞：語出《易・恒・九三》爻辭。

## 校勘記

㊀「事」，原本脫漏，據本書行文體例補入。

㊁「二十八」，原本作「三十八」，疑誤，據本書配氣候體例改作。

㊂「口」，原本此兩處各空出一個字格，補入標示空格。

## ䷭ 巽下坤上，《升》。

陽升陰，而陰道凝盛，未可便進，漸之曰《升》。《升》者，進也。卦雖陰，而取象於陽，故曰：以陽用事。內《巽》陰，木陽也。與《坤》爲飛伏。癸丑土，庚午火。諸侯在世，元士爲應侯。

建庚辰至乙酉，清明，秋分。積算起乙酉至甲申，周而復始。金水合木宫，見象定吉凶。五星從位起太陰，太陰水星，入卦取象。心宿①入位降癸丑。心宿入卦配土位。土下見木，內外俱順。動陰陽而長歲時，人事配吉凶，發乎動。占歲時、人事，吉凶之兆見乎動。《易•繫》云：「吉凶悔吝者，生乎動者也②㈠」。

氣候配象數位三十六。分陰爻數，分陽爻數。

自下升高，以至於極。至極而反，以修善道，而成其體。合抱之木，始於毫末③。陰道革入陽爲《坎》，水與風見《井》。入《井》卦。

### 注釋

① 心宿：二十八宿之一，東方蒼龍七宿之第五宿。心五度。

② 吉凶悔吝者，生乎動者也：語出《易•繫辭傳》。

③合抱之木，始於毫末：語出老子《道德經》第六十四章。

## 校勘記

㈠「吉凶悔吝者，生乎動者也」，原本作「吉凶悔吝，生乎動」，疑誤，據《易•繫辭傳》原文改作。

# ䷯ 巽下坎上，《井》。

陰陽通變，不可革者，《井》也。井道以澄清不竭之象，而成於井之德也。《易・繫辭傳》云㊀：「井，德之地也㊁」。又云：「往來井井①」，見功也。「改邑不改井②」，德不可渝也。井道以澄清見用爲功也，井象德不可渝變也。

與《坎》爲飛伏。戊戌土，庚申金。九五處至尊③，反應大夫㊂。應用見本象。建辛巳至丙戌，小滿，寒露。積算起丙戌至乙酉，周而復始。火土入卦起算數。五星從位起歲星，木星入卦，東方用事。尾宿④從位降戊戌。尾宿配戊戌入卦宮。

《坎》下見風險於前，內外相資益於君。井以德立，君正民信，德以其道也。賢人有位，君子不孤。《論語・里仁》㊃曰：「德不孤，必有鄰⑤」。六爻各處其務，反覆陰陽變化，各得其道也。

氣候所象，定數於二十八。爻配陰陽，分人事，吉凶具見矣。天地之數，分於人事。近取諸身，遠取諸物。吉凶之兆，定於陰陽。陰生陽消，陽生陰滅。二氣交互，萬物生焉。

《震》至於《井》，陰陽代位，至極則反，與《巽》爲終，退復於本。故曰游魂，爲《大過》。降入《大過》卦。

## 注釋

①往來井井：語出《易・井》卦辭。
②改邑不改井：語出《易・井》卦辭。
③至尊：指五爻位。
④尾宿：二十八宿之一，東方蒼龍七宿之第六宿。尾十八度。
⑤德不孤，必有鄰：語出《論語・里仁》。

## 校勘記

㈠「《易・繫辭傳》云」，原本作「《易》云」，疑誤，據其內容來源改作。
㈡「井，德之地也」，原本作「井者，德之基」，疑誤，據《易・繫辭傳》原文改作。
㈢「反應大夫」，原本脫漏，據本書配世應體例補入。
㈣「《論語・里仁》」，原本作「《傳》曰」，疑誤，據其內容來源改作。

# ䷛ 巽下兑上，《大過》。

陰陽代謝，至於游魂。《繫》云：「精氣爲物，游魂爲變，是故知鬼神之情狀①」。互體象《乾》，以金土定吉凶。去本末，取二五爲過之功。大者相過。與《坎》爲飛伏。丁亥水，戊申金。降諸侯立元首，元士居應上。建丙戌至辛卯，起元氣從丙戌至辛卯爲卦建，建者，則所生之位。今立建起至辛卯，取陰陽至位極處也。寒露至春分㊀。積算起辛卯至庚寅，周而復始。土木入卦用事。五星從位起熒惑，熒惑火星入卦。箕宿②從位降丁亥。箕宿配丁亥水，合卦宮也。陰陽相蕩，至極則反，反本及末於游魂。分氣候三十六。六爻極陰陽之數三十六，五行分配，定吉凶於積算。陽入陰，陰陽交互，反歸於本曰歸魂。降《隨》卦。入《澤雷隨》卦。

## 注釋

① 精氣爲物，游魂爲變，是故知鬼神之情狀：語出《易·繫辭傳》。

② 箕（jī）宿：二十八宿之一，東方蒼龍七宿之第七宿。箕十一度。

## 校勘記

㈠「寒露至春分」，原本作「寒露至秋分」，疑誤，據本書配節氣體例改作。

# ䷐震下兌上，《隨》。

《震》象復本曰《隨》，內見《震》也。內象見《震》曰本。從《震》起至《隨》爲歸魂。純木用事。與《巽》爲飛伏。庚辰土，辛酉金。世立三公，應居宗廟㊀。

建乙酉至庚寅，秋分，立春。積算起庚寅至己丑，土木入卦氣算。周而復始。吉凶定於算數爲準。

五星從位起鎮星，鎮星土，入卦用事。斗宿①㊁從位降庚辰。斗宿㊂配庚辰土，入卦分吉凶。

氣候分數二十八。定數於六位。

六位雖殊，吉凶象《震》，進退隨時，各處其位，無差晷刻。內外二象悅而動，隨附於物，係失在於六爻。《易》云：「係丈夫，失小子②」。又云：「係小子，失丈夫③」。此之謂也。吉凶定於起算之端，進退見乎隨時之義。

金木交刑，水火相敵，休廢於時，吉凶生焉。《震》以一君二民，動得其宜。《震》一陽二陰，陽君陰民，得其正也。本於《乾》而生乎《震》，故曰長男。陰陽升降爲八卦，至《隨》爲定體。資於始而成乎終，《坎》降中男而曰《坎》。互陽爻居中，爲《坎》卦。

## 注釋

① 斗宿：二十八宿之一，北方玄武七宿之第一宿。斗二十六度。

② 係丈夫，失小子：語出《易•隨•六三》爻辭。

③ 係小子，失丈夫：語出《易•隨•六二》爻辭。

## 校勘記

㈠「應居宗廟」，原本作「應宗廟」，疑誤，據本書行文體例改作。

㈡㈢「斗宿」，原本均作「計都」，考二十八宿，沒有「計都」這個星宿。按本書配二十八宿順序改作。《漢典》解釋「計都」曰：「梵曆中的九星之一。它與羅睺均爲假想的星座。舊時星命家以爲它們均主災咎」。解釋「羅睺」曰：「印度占星術名詞。印度天文學把黃道和白道的降交點叫做羅睺，升交點叫做計都。同日、月和水、火、木、金、土五星合稱九曜。因日月蝕現象發生在黃白二道的交點附近，故又把羅睺當作食(蝕)神。印度占星術認爲羅睺有關人間禍福吉凶」。《夢溪筆談•象數一》曰「故西天法，羅睺、計都皆逆步之，乃今之交道也。交初謂之羅睺」。

# ䷜ 坎下坎上，《坎》。

積陰以陽處中，柔順不能履重剛之險，故以剛㊀剋柔而履險，而曰陽。是以《坎》分屬爲中男㊁，北方之卦也。與《離》爲飛伏。戊子水，己巳火。世立宗廟，居於陰位。比近九五，全㊂於《坎》道，遠於禍害。三公居應，亦爲陰暗。

成《坎》之德，在於九五、九二也。內外居《坎》，陽處中而爲《坎》。主純陰得陽，爲明臣得君，而安其居也，君得【一作「臣」】而顯其道也。

建起癸未至戊子㊃戊寅至癸未，大暑、大雪。積算起戊子至丁亥㊄，周而復始。金水入卦，本同宮氣候，起算時日歲月吉凶。

五星從位起太白，太白金星入水宮。牛宿①從位降戊子。二十八宿，從位八卦，周而復始。

歲候㊅運數三十六。配六位，分陰陽。三百六十五㊆餘日四分之一分。五行配運氣，吉凶見矣。

內外俱《坎》，是重剛之位。《易》曰：「《坎》者㊇陷也②」。《坎》水能深陷於物，處《坎》之險，不可不習。故曰：習《坎》。便習之，習後可得履於險而不陷沒者。不以剛履柔，不能成《坎》之道也。

《震》以陽居初，能震動於物，能爲動主。《乾》生《震》，一陽居於初，《震》爲長男。

《坎》以陽居中，爲重剛之主，故以《坎》爲險。陽變陰，成於險道。今以陰變陽，止於爲《節》。次入於《節》卦。

## 注釋

①牛宿：二十八宿之一，北方玄武七宿之第二宿。牛八度。

②《坎》者陷也：語出《易•序卦傳》。

## 校勘記

㊀「剛」，原本作「剋」，疑誤，據其文意改作。

㊁「是以《坎》分屬爲中男」，原本作「是以《坎》爲屬中男分」，疑誤，據其文意改作。

㊂「全」，原本作「金」，疑誤，據其文意改作。

㊃「癸未至戊子」，原本作「戊寅至癸未」，疑誤，據本書配建始體例改作。

㊄「戊子至丁亥」，原本作「癸未至壬午」，疑誤，據本書配積算體例改作。

㊅「歲候」，原本作「歲數」，疑誤，據其文意改作。

㊆「三百六十五」，原本作「三百五十六」，疑誤，按太陽年運行一周年常數改作。

㊇「者」，原本脫漏，據《易•序卦傳》補入。

## ䷻ 兌下坎上，《節》。

水居澤上，澤能積水，陽止於陰，故爲《節》。《節》者，止也。陽蕩陰而積實居中，悅內而險於前。陰陽進退，金水交運。與《兌》爲飛伏。丁巳火，戊寅木。元士立元首，見應諸侯。金火受其氣，納到內。

建起甲申至己丑，爲本身節氣，立秋，大寒。積算起己丑至戊子，周而復始。金水《坎》，火運入卦，雜定吉凶。

五星從位起太陰，太陰屬水，入卦用事。女宿①從位降丁巳。配象入積算。

金上見水，本位相資，二氣交爭，失節則嗟。《易》云：「不節若，則嗟若」②。

分氣候二十八。積算起數二十八。

中男入《兌》少女，分蕩入陰，中位見陽，升降見長男，次入《水雷屯》。是則節儉入陽蕩九二爻，體歸於陽，之入《屯》卦。

### 注釋

①女宿：二十八宿之一，北方玄武七宿之第三宿。女十二度。

②不節若，則嗟若：語出《易•節•六三》爻辭。

## ䷂ 震下坎上，《屯》。

內外剛長，陰陽升降，動而險。凡爲物之始皆出，先難後易。今《屯》則陰陽交爭，天地始分，萬物萌兆，在於動難，故曰《屯》。水在雷上，如雲雷交作。天地草昧①，經綸②之始，無出於此也。故《易》曰：「屯如邅如，乘馬班如③」。「泣血漣如④」。屯難之際，盤桓不進之貌。難定乃通。《易》云：「女子貞不字，十年乃字⑤」。字，愛也。時通則道亨，合正匹也。土木應象見吉凶。與《震》爲飛伏。庚寅木，戊辰土。世上見大夫，應至尊。陰陽得位，君臣相應，可以定難於草昧之世。

建乙酉至庚寅，秋分，立春。積算起庚寅至己丑，周而復始。土木配本宮起積算。

五星從位起歲星，木星入卦。虛宿⑥從位降庚寅。虛宿入六二庚寅位。

分氣候三十六。定吉凶之數。

陽適陰，入中女，子午相敵見吉凶。動入《離》象，見《既濟》。

### 注釋

①草昧（mèi）：天地初開時的混沌狀態，蒙昧。《易•屯》曰：「天造草昧」。王弼注：「造物之始，始於冥昧，故曰草昧也」。

②經綸：整理絲縷、理出絲緒和編絲成繩，統稱經綸。引申爲籌劃治理國家大事。《易・屯》曰：「雲雷屯，君子以經綸」。孔穎達疏：「經謂經緯，綸謂綱綸，言君子法此屯象有爲之時，以經綸天下，約束於物」。

③屯如邅如，乘馬班如：語出《易・屯・六二》爻辭。

④泣血漣如：語出《易・屯・上六》爻辭。

⑤女子貞不字，十年乃字：語出《易・屯・六二》爻辭。

⑥虛宿：二十八宿之一，北方玄武七宿之第四宿。虛十度。

## ䷾ 離下坎上，《既濟》。

二氣無沖，陰陽敵體①。世應分君臣，剛柔得位曰《既濟》。《離》《坎》分子午，水上火下，性相交敵不間隔，是曰《既濟》也。與《離》爲飛伏。己亥水，戊午火。世上見三公，應上見宗廟。

內外陰陽相應，《坎》《離》相納上下交。《坎》水潤下，《離》火炎上，二氣相交爲《既濟》。五行相配吉凶，麗乎爻象。吉凶之兆，見乎爻象。

建丙戌至辛卯，寒露，春分。卦氣分節氣，始丙戌受氣，至辛卯成正象。考六位，分剛柔，定吉凶。積算起辛卯至庚寅，周而復始。土木見運入卦。

五星從位起熒惑，熒惑火星入卦。危宿②從位降己亥。危宿入己亥。

分氣候二十八。定六爻之類，考吉凶之兆。

《坎》入《兌》爲積陰，二象分俱陰，上下反覆卦變《革》。《坎》入《革》，六四蕩之入陽，變體爲陰也。

### 注釋

①陰陽敵體：謂彼此地位相等，無上下尊卑之分。

②危宿：二十八宿之一，北方玄武七宿之第五宿。危十七度。

## ䷰ 離下兑上，《革》。

二陰雖交，志不相合。體積陰柔，爻象剛健，可以革變。《兑》上《離》下，中虛。務上下積陰，變改之兆。成物之體，故曰《革》。《易》云：「君子豹變，小人革面①」。與《兑》爲飛伏。丁亥水，戊申金。諸侯當世，應㊀見元士。

九五、六二爲履正位。天地革變，人事隨而更也。更者變也。

建始丁亥至壬辰，小雪，清明。水土配位。土水入卦。積算起壬辰至辛卯，周而復始。五星從位起鎮星，土星入卦。室宿②從位降丁亥。二十八宿，室宿入卦《革》丁亥水㊁。分氣候三十六，其數起元首。分陰陽之象數，吉凶生矣。

上金下火，金積水而爲器，器能盛納於物。火變生而爲熟。生熟稟氣於陰陽，革之於物，物亦化焉。五行類五色，五色類萬物。稟和氣，氣節順。剛即逆，逆即反，反即敗。

《易》云：「巳日乃孚③」。孚猶信也。陰陽更始，動以見吉凶。《震》主動也。動以柔當位，剛會之光大，《革》變於《豐》。外卦《兑》入《震》，爲《豐》卦。

## 注釋

①君子豹變，小人革面：語出《易・革・上六》爻辭。
②室宿：二十八宿之一，北方玄武七宿之第六宿。室十六度。
③巳日乃孚：語出《易・革》卦辭。

## 校勘記

㈠「應」，原本脫漏，據本書行文體例補入。
㈡「水」，原本作「土」，疑誤，據地支「亥」五行屬水改作。

## ䷶ 離下震上，《豐》。

雷火交動剛柔散，氣積則暗動乃明。《易》云：「豐其屋，蔀其家，窺其戶，闃其無人，三歲不覿，乃凶①」。上六積暗而動，凶之於上，反下見陰之兆。火木分象，配於積陰。與《震》爲飛伏。庚申金，戊戌土。陰處至尊爲世，大夫見應。君臣相暗，世則可知；臣强君弱，爲亂世之始。

建始㊀戊子至癸巳，大雪，小滿。雷與火震動曰《豐》，宜日中。夏至積陰生，《豐》當正應，吉凶見矣。日中也。積算起癸巳至壬辰，周而復始。火土起算。

五星從位起太白，太白金星入卦。壁宿②從位降庚申，壁宿入《坎》至《豐》，庚申入土。分氣候二十八。積算定六位，起數二十八。

上木下火，氣稟純陽。陰生於內，陽氣雜。正性潰亂，極乃反爲游魂，入積陰。《震》入《坤》也。陰陽升降，反歸於本，變體於有無。吉凶之兆，或見於有，或見於無。陰陽之體，不可執一爲定象。於八卦，陽蕩陰，陰蕩陽，二氣相感而成體，或隱或顯。故《繫》云：「一陰一陽之謂道③」。一者，道也。外卦《震》降陰，入《明夷》。次入明，之於人，《明夷》卦。

## 注釋

①豐其屋，蔀（bù）其家，窺其戶，闃（qù）其無人，三歲不覿（dí），乃凶：語出《易·豐·上六》爻辭。

②壁宿：二十八宿之一，北方玄武七宿之第七宿。壁九度。

③一陰一陽之謂道：語出《易·繫辭傳》。

## 校勘記

㊀「建始」，原本作「建生」，疑誤，據本書行文體例改作。

## ☷☲ 離下坤上，《明夷》。

積陰蕩陽，六位相傷。外順而隔於明，處暗不分【一作「明」】。傷於正道，曰《明夷》。夷者，傷也。五行升降，八卦相蕩，變陽入純陰。春夏之秋冬也。陰道危，陽道安。故與《震》爲飛伏。癸丑土，庚午火。傷於明，而動乃見志，《震》，動也。退位入六四。諸侯在世，元士爲應。君暗臣明，不可止。箕子與紂也。

建起六四癸巳至戊戌，游魂及六四爻，數起小滿至寒露。積算起戊戌至丁酉，周而復始。土

金入卦起算數。

五星從位起太陰，太陰水星入卦。奎宿①從位降癸丑。奎宿入《明夷》，配六四癸丑土上。

分氣候三十六。三十六數入卦，起算推吉凶。

地有火，明於內，暗於外。當世出處，爲衆所疑之，所及傷於明。《易》曰：「三日不食」，「主人有言②」。

陰陽進退，金水見火，氣不相合。六位相蕩，四時運動，靜乃復本，故曰游魂。以本宮㊀八卦相蕩，六位推遷也。次降歸魂入《師》卦。

## 注釋

①奎（kuí）宿：二十八宿之一，西方白虎七宿之第一宿。奎十六度。

②三日不食，主人有言：語出《易•明夷•初九》爻辭。

## 校勘記

㊀「以本宮」，原本作「本以宮」，疑誤，據其文意改作。

## ䷆ 坎下坤上，《師》。

變《離》入陰，陽於正道，復本歸《坎》，陽在其中矣。內卦《坎》爲本宮。處下卦之中，爲陰之主，利於行師。《易》云：「師者，衆也①」。衆陰而宗於一，一陽得其貞正也。與《離》爲飛伏。《離》入《坎》也。陰陽相薄，剛柔遷位。戊午火，己亥水。世主三公，應爲宗廟。

建始壬辰至丁酉，清明，秋分。積算起丁酉至丙申，周而復始。金火入卦起算。五星從位起歲星，歲星木入卦。婁宿②從位降戊午，婁宿入《坎》卦歸魂六三爻。分氣候二十八。起算入卦吉凶。

地下有水復本位，六五居陰處陽位。九二貞正，能爲衆之主㊂，不潰於衆。《易》云：「師，貞，丈人吉③」。

入卦始於《坎》，陰陽相蕩，反至於極，則歸本《坎》中男。陽居九二，稱中男。升降得失，吉凶悔吝，策於六爻。六爻之設出於蓍，蓍之得象而卦生。積算起於五行，五行正則吉，極則凶。吉凶之象，顯於天地人事、日月歲時。

《坎》之變於《艮》，《艮》爲少男。少男處卦之末，爲極也。《震》一陽居初爻，《坎》二陽處中，《艮》三陽處卦之末。故曰：陽極爲少男。又云：止也。次入《艮》卦。

## 注釋

①師者衆也：語出《易•序卦傳》。

②婁（lóu）宿：二十八宿之一，西方白虎七宿之第二宿。婁十二度。

③師：貞，丈人吉：語出《易•師》卦辭。

## 校勘記

㊀「主」，原本作「王」，疑誤，據其文意改作。

䷳艮下艮上，《艮》。

《乾》分三陽，爲長中少，至《艮》爲少男。本體屬陽，陽極則止，反生陰象。《易》云：「艮，止也①」。於人，爲手、爲背。取象，爲山、爲石、爲門、爲狗。上《艮》下《艮》二象，土木分氣候。與《兌》爲飛伏。丙寅木，丁未土㈠。爲少男取少女相配。世上見宗廟，三公爲應。陰陽遷次，長幼分形。《乾》三生男，將至《艮》極。少長分形，長中分之，謂建也。

建始㈡庚寅至乙未，立春，大暑。陰長陽極，升降六位，進退順時，消息盈虛。積算起乙未至甲午㈢，周而復始。木土㈣入卦。

五星從位起熒惑，熒惑火星入卦。胃宿②從位降丙寅，胃宿入卦分位。

分數位三十六。配位六爻㈤分吉凶。

金木相敵，升降以時。《艮》止於物，背於物。《易》云：「時止則止，時行則行③」。

剛極陽反，陰長積氣，止於九三。

初六變陽，取其虛中，文明在內，成於《賁》。次降入《賁》卦。

## 注釋

①艮，止也：語出《易・艮》彖辭。

②胃宿：二十八宿之一，西方白虎七宿之第三宿。胃十四度。

③時止則止，時行則行：語出《易・艮》彖辭。

## 校勘記

㊀「土」，原本脫漏，據本書行文體例補入。

㊁「建始」，原本脫漏，據本書配建始體例補入。

㊂「積算起乙未至甲午」，原本作「積算起庚寅至巳丑」，疑誤，據本書配積算體例改作。

㊃「木土」，原本作「木上」，疑誤，據本書行文體例改作。

㊄「配位六爻」，原本作「配位六卦」，疑誤，據其卦理及文意改作。

## ䷕ 離下艮上，《賁》。

《泰》取象，上六柔來，反剛九二，剛上文柔，成賁之體，止於文明。《賁》者，飾也。五色不成謂之賁，文彩雜也。山下有火，取象文明，火土分象。與《離》爲飛伏。己卯木，丙辰土。世立元士，六四諸侯在應。

陰柔居尊，文柔當世，素尚居高，侯王無累。《易》云：「賁於丘園，束帛戔戔①」。

建始辛卯至丙申，春分，立秋。積算起丙申至乙未，周而復始。金土入卦起算。

五星從位起鎮星，鎮星入卦。昴宿②從位降己卯，昴宿配《賁》卦，初九陽位起算。

分氣候二十八。起六位五行算吉凶。

土火木分陰陽，相應爲敵體。上九積陽素尚，全身遠害，貴其正道。起於潛，至於用九。假《乾》初、上爲喻也。陰陽升降，通變隨時。

《離》入《乾》，將之《大畜》。次降六二中虛爲三連，入《大畜》㊀卦。陰消陽長。

## 注釋

①賁於丘園，束帛戔戔：語出《易•賁•六五》爻辭。

②昴（mǎo）宿：二十八宿之一，西方白虎七宿之第四宿。昴十一度。

## 校勘記

㈠「大畜」，原本作「太畜」，疑誤，據其卦名改作。

# ䷙ 乾下艮上，《大畜》。

陽長陰消，積氣凝盛，外止內健，二陰猶盛，成於畜義。《易》云：「既雨既處①㊀」。畜消時行，陽未可進，取於下卦，全其健道，君子以時，順其吉凶。與《乾》爲飛伏。甲寅木，丙午火。

建始壬辰至丁酉，清明，秋分。積算起丁酉至丙申，周而復始。金土入卦，分吉凶起算。五星從位起太白，太白金星入卦推吉凶。畢宿②從位降甲寅。畢宿入《大畜》九二甲寅上。九二大夫應世，應六五爲至尊。陰陽相應，以柔居尊。□□□□□□□㊁。爲畜之主。

分氣候三十六㊂。極陰陽之數，定吉凶之兆。

山下有《乾》，金土相資。陽進陰止，積雨潤下，畜道光也。《乾》象內進，君道行也。吉凶升降，陰陽得位，二氣相應，陽上薄陰，陰道凝結。上於陽長，爲雨反下，九居高位，極於畜道。反陽爲陰，入於《兌》象。六三應上九，上有陽九，反應六三，成於損道。次降《損》卦。《乾》入《兌》，九三之變六三㊂。

## 注釋

①既雨既處：語出《易・小畜・上九》爻辭。

②畢宿：二十八宿之一，西方白虎七宿之第五宿。畢十六度。

## 校勘記

㈠「既雨既處」，原本作「既處」，疑誤，據《易・小畜・上九》爻辭改作。

㈡「□」，原本空出八個空格，補入標示空格。

㈢「分氣候三十六」，原本作「分氣候二十八」，疑誤，據本書配氣候體例改作。

㈣「九三之變六三」，原本作「九三之變六二」，疑誤，據其變爻之位改作。

# ䷨兌下艮上，《損》。

澤在山下，卑險於山，山高處上，損澤益山。成高之義，在於六三，在臣之道，奉君立誠。《易》云：「損下益上①」。《乾》九三變六三，陰柔益上九，臣奉君之義。與《兌》爲飛伏。丁丑土，丙申金。三公居世，六三。宗廟爲應。上九㊀。

建始癸巳至戊戌，小滿，寒露。積算起戊戌至丁酉，周而復始。土金入卦起積算㊁。

五星從位起太陰，太陰水星，入卦用事。觜宿②從位降丁丑，二十八宿配觜宿，入《損》卦六三爻㊂，起算歲月日時。

土金㊆入卦配吉凶，陰陽相蕩，六位㊇不居。土金入《損》卦起算，陰陽相生，六位變動不居也。六爻有吉凶，四時變更，不可執一以爲規。六爻吉凶，隨時更變。或春或夏，或秋或冬，歲時運動。

分氣候二十八。二十八㊈起數，算吉凶八卦。

陰陽升降，次《艮》入《離》，見《睽》之象。損益六爻，剛長陰消㊉。次入《火澤睽》卦。

## 注釋

①損下益上：語出《易・損》彖辭。

②觜（zī）宿：二十八宿之一，西方白虎七宿之第六宿。觜二度。

## 校勘記

㈠「三公居世，六三。宗廟爲應，上九」，原本作「三公居世，宗廟【六三，上九】」，疑誤，據本卦配世應爻位體例改作。

㈡「土金入卦起積算」，原本作「土火入官起積算」，疑誤，據本書行文體例改作。

㈢「入《損》卦六三爻」，原本作「入《損》卦六爻三」，疑誤，據本書行文體例改作。

㈣「土金」，原本作「土星」，疑誤，據其注釋「土金入《損》卦起算」改作。

㈤「六位不居」，原本作「位不居」，疑誤，據其注釋「六位變動不居也」改作。

㈥「二十八」，原本作「二十」，疑誤，據本書配氣候體例改作。

㈦「剛長陰消」，原本作「剛長陰」，疑誤，據本書行文體例改作。

# ䷥兌下離上，《睽》。

火澤二象，氣運【一作「轉」】非合。陰消陽長，取象何比，惟陽是從。陰陽動靜，剛柔分焉。先睽後合，其消通也。文明上照，幽暗分矣。《兌》處下，爲積陰暗之象也。《離》在上，爲明照於下。《易》云：「見豕負塗，載鬼一車，先張之弧，後說之弧①」。「遇雨之㊀吉，群疑亡也②」。先疑，暗也。後說，明也。與《離》爲飛伏。己酉金，丙戌土。諸侯立九四爲世，初元士㊁爲應。

建始甲午至己亥，芒種，小雪。積算起己亥至戊戌。水土入卦。五星從位起歲星，歲木星入卦。參宿從位降己酉，二十八宿配參宿，入卦己酉土㊂。分氣候三十六。起數積算。金火二運合土宮，配吉凶於歲時。六五陰柔處文明，九二、四得立權臣。陰陽相蕩，六位逆遷，變《離》入《乾》。健於外象，次入㊃《履》。陰陽推遷，變化六爻。吉凶之兆，著於要之爻。如臣事君，近多憂也。次降入《天澤履》卦。

## 注釋

①見豕負塗，載鬼一車，先張之弧，後說之弧：語出《易・睽・上九》爻辭。

②遇雨之吉，群疑亡也：語出《易・睽・上九》象辭。

## 校勘記

㈠「之」，原本作「則」，疑誤，據《易・睽・上九》象辭改作。

㈡「初元士」，原本作「初元世」，疑誤，據本書爻位名稱體例改作。

㈢「入卦己酉金」，原本作「入卦己酉土」，疑誤，據地支「酉」五行屬金改作。

㈣「次入」，原本作「坎入」，疑誤，據本書行文體例改作。

## ䷉ 兌下乾上，《履》㊀。

天下有澤，曰《履》。《履》者，禮也。得位吉，失位凶，當履之時。素尚吉。《易》云：「視履考祥，其旋元吉①」。與《乾》爲飛伏。壬申金，丙子水。六丙屬八卦，《艮》六丙也。九五得位爲世身，九二大夫合應象。

建始乙未至庚子，大暑，大雪。積算起庚子至己亥㊁。金水入卦，配六位，算吉凶。五星從位起熒惑，熒惑火星入卦。井宿從位降壬申。二十八宿入卦井宿，入壬申。分氣候，金火入卦，起於極數二十八。二十八數起壬申㊃推吉凶。

陽多陰少，宗少爲貴。得其所履則貴，失其所履則賤。《易》云：「眇能視，跛能履②」。此《履》非其位六三也。吉凶取此文爲準。六位推遷，積欠起算數。休王相破，資益可定吉凶也。

升降反位，歸復止於六四，入陰爲游魂《中孚》卦。次入《中孚》卦。

### 注釋

① 視履考祥，其旋元吉：語出《易・履・上六》爻辭。

② 眇能視，跛能履：語出《易・履・六三》爻辭。

## 校勘記

㈠「履」，原本脫漏，據本書卦名及行文體例補入。

㈡「己亥」，原本作「乙亥」，疑誤，據本書配積算體例改作。

㈢「壬申」，原本作「丙辰」，疑誤，據注釋行文體例改作。

## ䷼ 兌下巽上，《中孚》。

陰陽變動，六位周匝①，反及游魂之卦。金木合土，運入卦象。互體見《艮》㊀，止於信義。《中孚》，信也。與《乾》爲飛伏。辛未土，壬午火。《艮》道革變升降，各稟正性。六四諸侯立世，應初九元士。九五履信，九二反應。氣候相合，內外相敵。陰勝陽，陽勝陰，剛柔相薄，六爻反應，柔順相合，吉凶見矣。

建始庚子至乙巳，大雪，小滿。積算起乙巳至甲辰，周而復始。火土入卦起積算。五星從位起鎮星，鎮星，土星。鬼宿從位降辛未。二十八宿配鬼宿入卦推吉凶。分氣候三十六。配卦算吉凶之位。

風與澤二氣相合，《巽》而說，信及於物，物亦【一作「必」】順焉。《易》云：「信及豚魚②」。豚魚，幽微之物，信尚及之，何況於人乎。

《兌》入《艮》，六三入陽，內二陽歸陰。陰陽交互，復本曰歸魂。次降歸魂《風山漸》卦。內見《艮》。

## 注釋

①周匝（zā）：環繞，圍繞。

②信及豚魚：語出《易·中孚》彖辭。

## 校勘記

㊀「艮」，原本作「民」，疑誤，據《中孚》互卦之象改作。

## ䷴ 艮下巽上，《漸》。

陰陽升降，復本曰歸魂之象。《巽》下見《艮》，陰長陽消，柔道將進。《艮》變八卦終於《漸》，《漸》終降純陰入《坤》，分長女三陰之兆也，柔道行也。與《兑》爲飛伏。丙申金，丁丑土。九三三公居世，宗廟爲應。

建始己亥至甲辰，小雪，清明。積算起甲辰至癸卯，周而復始。土㊀木見運，入卦算吉凶。五星從位起太白，太白，西方之卦，定吉凶。柳宿從位降丙申，二十八宿，柳宿入卦定吉凶。分氣候二十八。定數配吉凶，入卦起算。

上木下土，風入《艮》象，漸退之象也。互體見《離》，主中文明。九五傳位，得進道明也。九五處互體卦之上，進文明也。六二陰柔得位，應至尊。《易》云：「鴻漸於磐，飲食衎衎①」。賢人進位也。

陰陽升降，八卦將盡。四十八爻㊁，陰陽相雜，順道進退，次於時也。少男之位，分於八卦，終極陽道也。陽極則陰生，柔道進也。降入《坤》宮八卦。陽卦三十二宮爲陽，《乾》、《震》、《坎》、《艮》也。

## 注釋

①鴻漸於磐，飲食衎衎（kàn）：語出《易・漸・六二》爻辭。

## 校勘記

㈠「土」，原本作「上」，疑誤，據《漸》卦內象五行改作。

㈡「四十八爻」，原本作「六十八爻」，疑誤，據《艮》宮八個卦，每卦六爻，合計四十八爻之數改作。

# 京氏易傳卷上

# 京氏易傳卷中

漢　東郡　京房　著
吳　鬱林太守　陸績　注
明　兵部侍郎　范欽　訂

# ䷁ 坤下坤上，《坤》。

純陰用事。象配地，屬土。柔道光也，陰凝感。與《乾》相納，臣奉君也。《易》云：「黃裳，元吉①」。六二內卦陰處中，臣道正也。

與《乾》爲飛伏。癸酉金，壬戌土。宗廟居世，三公爲應。

未免龍戰之災，無成有終。陰臣陽君㊀，臣不敢爲物之始。陽唱陰和，君命臣終其事也。初六起履霜，至於堅冰。陰雖柔順，氣亦堅剛，爲無邪氣也。

建始甲午至己亥，芒種，小雪㊁。積算起己亥至戊戌，周而復始。純土用事，入積算，定吉凶。

五星從位起太陰，太陰水星入卦。西南方之卦。水星㊂入卦配《坤》，西南。星宿從位降癸酉金。二十八宿入㊃卦，星宿降《坤》上六癸酉金。

分氣候三十六。起積爲數三十六。

陰中有陽，氣積萬象，故曰陰中陽㊄。陰陽二氣，天地相接，人事吉凶，見乎其象。六位適變，八卦分焉。六位變動，八卦顯著。陰雖虛，納於陽位稱實。六五、六三之類也。升降反復，不能久處，千變萬化，故稱乎易。易者，變也。陰極則陽來，陰消則陽長。衰則退，盛則戰。《易》云：「上六，龍戰於野，其血玄黃②」。陽屬。《乾》配西北積陰之地，陰盛故戰。《乾》《坤》并處，天地之氣雜，稱玄黃也。

陽蕩陰，《坤》內卦初六適變入陽曰《震》。陰盛陽微，漸來之義，故稱《復》。次降陽入《地雷復》卦。

## 注釋

① 黃裳，元吉：語出《易•坤•六五》爻辭。

② 上六：龍戰於野，其血玄黃：語出《易•坤•上六》爻辭。

## 校勘記

㈠「陰臣陽君」，原本作「陰成陽君」，疑誤，據其文意改作。

㈡「小雪」，原本作「小滿」，疑誤，據本書配節氣體例改作。

㈢「水星」，原本作「鎮星」，疑誤，據「五星從位起太陰」改作。

㈣「入」，原本作「八」，疑誤，據本書行文體例改作。

㈤「陰中陽」，原本作「陰中陰」，疑誤，據「陰中有陽」之意改作。

# ䷗ 震下坤上，《復》。

陰極則反，陽道行【一作「正」】也。《易》云：「君子道長，小人道消也㊀①」。又曰：「七日來復②」。七日，陽之稱也。七、九，稱陽之數也。謂《坤》上六陰極陽戰之地，陰雖不能勝陽，然正當盛，陽不可輕犯。六陽涉六陰，反下七爻在初，故稱七日，日亦陽也。六爻反復之稱。注在前。《易》云：「初九，不遠復，無祇悔③」。反至初九，陽來陰復去違也。六爻盛卦之體總稱也，曰㊁一陽爲一卦之主。與《震》爲飛伏。庚子水，乙未土。初九元士之世，六四諸侯見應。

建始乙未至庚子，大暑、大雪。見候起《坤》，六月至十一月，庚子㊂爲正朔，見復之兆。積算起庚子至己亥，積算起庚子至己亥，十月至十一月，年亦然。周而復始。土水見候。

五星從位起歲星，歲星木星入《復》卦，合水土配吉凶。張宿從位降庚子，二十八宿分張宿入《復》卦庚子水上。

分氣候二十八。積算起數二十八，定吉凶六爻。《坤》上《震》下動而順，是陽來蕩陰，陰柔反去，剛陽復位。君子進，小人退。《易》云：「休復，吉④㊃」。

陽升陰降，變六二入《兌》象，次井《臨》。二陽將進，內爲悅，陰去陽來氣漸隆，陰不敢拒陽，奉命而已。次降㊄入《地澤臨》卦。

## 注釋

①君子道長，小人道消也：語出《易・泰》彖辭。

②七日來復：語出《易・復》卦辭。

③初九，不遠復，無祇（zhī）悔：語出《易・復・初九》爻辭。

④休復，吉：語出《易・復・九二》爻辭。

## 校勘記

㈠「小人道消也」，原本作「小人道消」，疑誤，據《泰》卦彖辭改作。

㈡「曰」，原本作「月」字，疑誤，據其文意改作。

㈢「庚子」，原本作「戊子」，疑誤，據「建始乙未至庚子」改作。

㈣「吉」，原本作「元吉」，疑誤，據《復》卦九二爻辭改作。

㈤「次降」，原本作「火之」，疑誤，據本書行文體例改作。

## ䷒ 兌下坤上，《臨》。

陽長陰消悅而順，金土應候剛柔分。《震》入《兌》，二陽剛，本體陰柔降入《臨》。「《臨》者，大㊀也①」。陽爻健順，陽交退散。《易》曰：「君子之道②」。《易》云：「至於八月有㊁凶③」。建丑至未也。陽長，六爻反復，吉凶之道可見矣。至於八月入《遁》。與《兌》爲飛伏。丁卯木，乙巳火。九二大夫立世，六五至尊應上位。

建始丙申至辛丑，立秋，大寒。七月積氣至六月，吉凶隨爻考污隆④。旺則隆，衰則污。積算起辛丑至庚子。積算起金土入卦，推休咎於六爻。五星從位起熒惑，熒惑火星，入卦用事。翼宿從位在丁卯，二十八宿，翼宿入卦九二爻木上。分氣候三十六。定陰陽之數，起於三十六積算。

《坤》下見《兌》悅澤臨，陽升陰降入三陽，《乾》象入《坤》即《泰》卦。《臨》卦內象先陽長，逼陰成《乾》爲《泰》象。外《坤》積陰，內《兌》亦爲陰，二陽合體，柔順之道不可貞。吉凶以時，配於六位，用於陽長之爻，成《臨》之義。

六三將變陽爻至，次降入《泰》卦。次入《地天泰》卦。

## 注釋

①《臨》者，大也：語出《易・序卦傳》。
②君子之道。語出《易・繫辭傳》。
③至於八月有凶：語出《易・臨》卦辭。
④汙（wū）隆：升與降。常指世道的盛衰或政治的興替。

## 校勘記

㈠「大」，原本作「天」，疑誤，據《易・序卦傳》改作。
㈡「有」，原本脫漏，據《易・臨》卦辭補入。

# ䷊乾下坤上，《泰》。

《乾》《坤》二象，合爲一運，天入地交泰，萬物生焉。小往大來，陽長陰危，金土二氣交合。《易》云：「泰者，通也①」。通於天地，長於品匯。陽氣內進，陰氣升降，升降之道，成於《泰》象。與《乾》爲飛伏。甲辰土，乙卯木。三公立九三爲世，上六宗廟爲應候。

建始丁酉至壬寅，秋分，立春。積算起壬寅至辛丑，周而復始。金土位上起積算吉凶。

五星從位起鎮星，土星入卦。軫宿從位降甲辰。

分氣候二十八。積算起二十八數，於甲辰位。

地下有天，陽道浸長，不可極，極則否成。三陽務上，《坤》順而往，往而不已，《否》道至。存《泰》之義，在於六五，陰居陽位，能順於陽，陰陽相納，二氣相感，終於《泰》道。

外卦純陰，陽來剛柔，成於《震》象。陰㊀降陽升居《乾》上，成《大壯》。次降陰升陽，入《雷天大壯》卦。

## 注釋

①泰者，通也：語出《易•序卦傳》。

## 校勘記

㈠「陰」，原本脫漏，據其文意補入。

# ䷡ 乾下震上，《大壯》。

內外二象動而健，陽勝陰而爲壯。內陽升降，二象俱陽，曰《大壯》。《易》曰：「羝羊觸藩，羸其角①」，進退難也。壯不可極極則敗，物不可極極則反。故曰：「小人用壯，君子用罔②㊀」。與《震》爲飛伏。庚午火，癸丑土。九四諸侯立世㊁，初九元士在應。

建始戊戌至癸卯，寒露至春分。積算起癸卯至壬寅，金木㊂入卦起積算。五星從位起太白，太白金星入卦。角宿從位降庚午，二十八宿入卦，配角宿入《大壯》庚午九四爻上。

分氣候三十六。積算起數庚午火定吉凶。

雷在天上，健而動。陽升陰降，陽來蕩陰，吉凶隨爻，著於四時。九四庚午火之位，入《坤》爲卦之本。「起於子，滅於亥㊃」。陰陽進退，六位不居，周流六虛。

外象《震》入《兌》，爲陰悅適，爻爲剛長。次降入《夬》，陽決陰之象。入《澤天夬》卦。

## 注釋

①羝（dī）羊觸藩，羸（léi）其角：語出《易・大壯・九三》爻辭。

②小人用壯，君子用罔：語出《易・大壯・九三》爻辭。

## 校勘記

㈠「小人用壯，君子用罔」，原本作「君子用罔，小人用壯」，疑誤，據《易・大壯・九三》爻辭改作。

㈡「九四諸侯立世」，原本作「九四諸侯之世」，疑誤，據本書行文體例改作。

㈢「金木」，原本作「土木」，疑誤，據《大壯》內外之象改作。

㈣「亥」，原本作「寅」，疑誤，據本書附錄「《大壯》起於子，滅於亥」改作。

# ䷪乾下兑上，《夬》。

剛決柔，陰道滅。五陽務下，一陰危上，將反游魂，九四悔也。澤上於天，君道行也。《夬》，五世。六位周而復始，爲游魂。至九四成陰，入《坎》爲《需》。與《兑》爲飛伏。丁酉金，癸亥水。九五立世，九二大夫爲應。九五在《兑》象爲世，澤小於天也。建始己亥至甲辰，小雪，清明。積算起甲辰至癸卯，周而復始。金木分《乾》《兑》入《坤》象。入《坤》宫起積算。五星從位起太陰，太陰水星㊀，入卦起算。亢宿從位降丁酉，二十八宿配亢宿，入《夬》卦丁酉金上起。分氣候二十八。積算起宫二十八，入卦甲辰還丁酉金上定吉凶。《易》云：「澤上於天，夬①」。「揚於王庭②」。柔道消，消不可極，反於游魂。九四柔來文剛，陰道存也。陰之道不可終否。剛柔相濟，日月明矣。天地定位，人事通也。凡卦，陰極陽生，陽極陰生，生生之義，不絕之貌。日月循環，天地交泰，陰陽相蕩，六位交分，萬物生焉。故曰雷動風行，山澤通氣。人之運動，體斯合矣。人稟五常，三焦九竅，風火遞相兼濟，以一位虧，四體羸焉。陰陽升降，反復道也。次降入游魂《水天需》卦。

## 注釋

①澤上於天，夬：語出《易・夬》象辭。

②揚於王庭：語出《易・夬》卦辭。

## 校勘記

㈠「水星」，原本作「水位」，疑誤，據太陰配水星體例改作。

# ䷄ 乾下坎上，《需》。

雲上於天，凝於陰而待於陽，故曰《需》。需者，待也。三陽務上，而隔於六四，路之險也。外卦《坎》水爲險，亦陰，稱血也。《坤》之反覆，適陽入陰，《夬》卦九四，入《需》卦成六四，陰㊀之位也。陰陽交會運動，陰雨積而凝滯，於陽通乃合也。群陽務上，一陰報之，故凝滯，雨乃合。與《兌》爲飛伏。戊申金，丁亥水。游魂立世諸侯，應初九元士。

建始甲辰至己酉，清明，秋分。積算起己酉至戊申，周而復始。金土入《乾》《坎》。積算起宮定吉凶。

五星從位起歲星，歲星木星入卦。氐宿從位降戊申。二十八宿降氐宿，入《坤》宮游魂卦六四戊申金上㊁，起積算吉凶。

分氣候三十六。定吉凶總三十六位起算。

《乾》外見《坎》健而進，「險㊂在前也①」。《需》與飲食，爭於《坎》也。陰陽相激，勝負有倚，反爲不速，敬終有慶。陰陽漸消，陽道行行，反復其位，不妄於陰。次㊃降入歸魂《水地比》卦，《坤》之歸魂也。

## 注釋

①險在前也：語出《易•需》彖辭。

## 校勘記

㈠「陰」，原本作「陽」，疑誤，據爻位陰陽體例改作。

㈡「上」，原本作「土」，疑誤，據其文意改作。

㈢「險」，原本作「隘」，疑誤，據《易•需》彖辭改作。

㈣「次」，原本作「坎」，疑誤，據本書行文體例改作。

## ䷇ 坤下坎上，《比》。

反本復位，陰陽相定，六爻交互，一氣在也。水在地上，九五居尊，萬民服也。《比》卦一陽五陰，少者爲貴，衆之所尊者也。比親於物，物亦附焉，原筮於宗，歸之於衆。諸侯列土，君上崇之，奉於宗祧①，盟契②無差，邦必昌矣。與《乾》爲飛伏。乙卯木，甲辰土。歸魂六三㊀，三公居世，應上六宗廟。建始癸卯至戊申，春分，立秋。積算起戊申至丁未，周而復始㊁。五星從位㊂起熒惑，火星入卦。房宿從位降乙卯。二十八宿，配房宿入《坤》歸魂乙卯木位上。分氣候二十八。積算起二十八數。

陰道將復，以陽爲主，一陽居尊，群陰宗之。六爻交分，吉凶定矣。地道之義，妻道同也，臣之附君，比道成也。

歸魂復本，陰陽相成，萬物生也。故曰：《坤》生三女，《巽》《離》《兌》，分長中少㊃。《巽》長女，《離》中女，《兌》少女。以陽求陰，《乾》之《巽》爲長女。

## 注釋

①宗祧（tiāo）：宗廟。

②盟契：猶盟約。

## 校勘記

㊀「三」，原本作「之」，疑誤，據其爻位體例改作。

㊁「積算起戊申至丁未，周而復始」，原本作「積算」，疑脱漏後文，據本書行文體例補入。

㊂「五星從位」，原本脱漏，據本書行文體例補入。

㊃「分長中少」，原本作「分長中下」，疑誤，據「《巽》長女，《離》中女，《兑》少女」改作。

## ☴ 巽下巽上，《巽》。

陽中積陰而《巽》順，本《乾》象，陰來蕩成《巽》。《巽》者，順也。風從穴，入於物，號令齊順，天地明也。內外稟於一陰，順於天地道也。聲聞於外，遠彰柔順，陰陽升降，柔於剛也。本於堅剛，陰來又柔，東南向明，齊肅陰陽。與《震》爲飛伏。辛卯木，庚戌土。宗廟居世，三公在應。上九，九三。

建始辛丑至丙午，大寒，芒種。積算起丙午至乙巳，周而復始。

五星從位起鎮星，心宿從位降辛卯㊀。火木與二十八宿，分心宿入《巽》上九辛卯木上㊁。

分氣候其數三十六。分三十六數入卦起算。

陰氣起陽，陽順於陰，陰陽和柔，升降得位，剛柔分也。陰不可盈，晷刻頃也。初六適變，陽來陰退，健道行也。三陽務進，外陰陽也。適變於內，外未從也。次降陰交於陽九，爲《小畜》卦。初六變初九也。

## 校勘記

㊀「五星從位起鎮星，心宿從位降辛卯」，原本脫漏，據本書配置五星二十八宿體例補入。

㊁「分心宿入《巽》上九辛卯木上」，原本作「分虛宿入翼上九辛卯木土」，疑誤，據本書配二十八宿體例改作。

# ䷈ 乾下巽上，《小畜》。

《易》云：「密雲不雨，自我西郊①」。小畜之義，在於六四，三陽連進於一危也。外《巽》體陰，畜道行也。《巽》之初六陰蕩陽，氣感積陰不能固，退復本位，三連同往而不可見，成於《畜》義，外象明矣。一陰劣，不能固陽，是以往也。外《巽》積陰，能固陽道，成在上九一爻之法也。《易》云：「既雨既處②」也。與《乾》爲飛伏。甲子水，辛丑土。初九元士居世，六四諸侯在應。

建始壬寅至丁未，立春，大暑。積算起丁未至丙午，周而復始。土木入《乾》《巽》。入宮起算法。

五星從位起太白，金星入卦，起算吉凶。尾宿從位降甲子。二十八宿入卦，分尾宿以《小畜》甲子水上起算。

分氣候其數二十八。分二十八數，起宮推算。

一陰居六四，建子入陽宮，推其休咎處吉凶。剛健立陽爻，陰凝在《巽》體。《易》云：「輿說輻，夫妻反目③」。不義之兆。夏至起純陰，陽爻位伏藏。冬至陽爻動，陰氣凝地。陰陽升降，以柔爲剛，見中虛文明，積氣居內象。九二適變入《離》。次降入《風火家人》卦。

## 注釋

①密雲不雨，自我西郊：語出《易·小畜》卦辭。

②既雨既處：語出《易·小畜·上九》爻辭。

③輿說輻，夫妻反目：語出《易·小畜·九三》爻辭。

## ䷤ 離下巽上，《家人》。

乾剛俱變文明，內外相應，九五應六二爻。陰陽得位，居中履正。火上見風，家人之象。「閑邪存其誠①㊀」，嗃嗃得中，互體見文明，家道明也。內互㊁遇《坎》險象，家人難也。酌中之義，在於六二。與《離》爲飛伏。己丑土，辛亥水。大夫居世，應九五立君位㊂。建始癸卯至戊申，春分，立秋。積算起戊申至丁未，金土入《離》《巽》。金土入卦同積算。

五星從位起太陰，太陰，北方，入卦起宮推算。箕宿從位降己丑。二十八宿，分箕宿入《家人》卦，在己丑土上。

分氣候其數三十六。三十六起數《家人》卦，推入積算休咎。

火木分形，陰陽得位，內外相資，二氣相和。君君臣臣，父父子子，兄兄弟弟。《易》曰：「家人嗃嗃，婦㊃子嘻嘻②」。治家之道，分於此也。吉凶之義，配五行進退，六五進退，吉凶於陰陽。陰陽得起，在於四時運動，吉凶見矣。分內外矣，二象配天地星辰，合命定吉凶。文明運動，變化之象。

九三適陰入《震》，風與雷㊄，合曰《益》。次降《風雷益》卦。

## 注釋

①閑邪存其誠：語出《易•乾•文言•九二》：「閑邪存其誠」。李鼎祚集解引宋衷曰：「閑，防也」。

②家人嗃嗃（hè），婦子嘻嘻：語出《易•家人•九三》爻辭。

## 校勘記

㈠「閑邪存其誠」，原本作「閑邪存誠」，疑誤，據《易•乾•文言•九二》改作。

㈡「內互」，原本作「內平」，疑誤，據《家人》互卦之象改作。

㈢「大夫居世，應九五立君位」，原本置於「金土入卦同積算」注釋後。據本書行文順序，調整至此。

㈣「婦」，原本作「父」，疑誤，據《易•家人•九三》爻辭改作。

㈤「風與雷」，原本作「風爲雷」，疑誤，據其文意改作。

## ䷩ 震下巽上，《益》。

天地不交曰《否》。六二陰上柔剛，九四下降積陰，故爲《益》。《易》曰：「損上益下①」。雷動風行，男下女上。《震》男，《巽》女。陽益陰，君益於民之象㊀也。互見《坤》，《坤》道柔順。又外見《艮》，《艮》止。陽益陰，止於陽，柔道行也。內外順動，《風雷益》。四象分明，剛柔定矣。與《震》爲飛伏。庚辰土，辛酉金。六三三公居世，上九宗廟爲應。

建始甲辰至己酉，清明，秋分。積算起己酉至戊申，周而復始。土金入《震》《巽》。起積配《風雷益》卦起宮。

五星從位起歲星，木星入卦。斗宿②㊁從位降庚辰。二十八宿，分斗宿㊂入《風雷益》六二庚辰土上。

分氣候二十八。起二十八數，積算吉凶，周而復始。

陰陽二木，合金土配象。四時運轉，六位交分，休廢旺生，吉凶見乎動爻。配日月星辰進退，運氣升降，復當何位。金、水、木、火、土㊃。

適變於外，陰入陽爻。二象健而動，屬天地也。天陽，《震》雷亦陽也。二氣相激，動而健，天行也。陰陽相蕩，次降入《天雷無妄》卦。

## 注釋

①損上益下：語出《易・益》彖辭。

②斗宿：注釋請參見卷上《易・隨》卦「斗宿」注釋。

## 校勘記

㈠「象」，原本作「仰」，疑誤，據其文意改作。

㈡㈢「斗宿」，原本作「計宿」，疑誤，據二十八宿名稱改作。

㈣「土」，原本作「上」，疑誤，據五行屬性改作。

## ䷘ 震下乾上，《無妄》。

《乾》剛《震》動，二氣運轉，天下見雷，行正之道。剛正陽長，物《無妄》矣。內互見《艮》，止於純陽。外互見《巽》，順於陽道。天行健而動，剛正於物，物則順也。金木配象，吉凶明矣。金木配《乾》《震》入卦。與《乾》爲飛伏。壬午火，辛未土。九四諸侯在世，初九元士立應上。

建始乙巳至庚戌，小滿，寒露。積算起庚戌至己酉，周而復始。火土入《乾》《震》。火土分《乾》《震》，入《無妄》卦起積算。

五星從位起熒惑，火星入卦定吉凶。牛宿從位降壬午。二十八宿，分牛宿入《無妄》壬午火位上。

分氣候三十六。三十六數，起卦積算。

上金下木，二象相沖。陰陽升降健而動，內見一陽應動剛。五行分配，吉凶半矣。二氣各爭。

九五適變入文柔，陰蕩陽爻歸復位。剛柔履《坎》㊀明在外，進退吉凶見中虛。次降入《火雷噬嗑》卦。

## 校勘記

㈠「《坎》」，原本作「次」，疑誤，因《無妄》卦九五變六五，成《噬嗑》卦，《噬嗑》卦外互爲《坎》，據此改作。

# ䷔ 震下離上，《噬嗑》。

柔乘文剛，積氣居中，陰道明白，動見文明。雷電合，分威光，而《噬嗑》也。《易》曰：「頤中有物，曰噬嗑①」。陰陽分中動而明，象雷電也。物有不齊齧②而噬。吉凶之道，象於五行，順則吉，逆則凶。火木合卦配升降。與《離》爲飛伏。己未土，辛巳火㊀。六五居尊，應六二大夫。

建始丙午至辛亥，芒種，小雪。積算起辛亥至庚戌，周而復始。火土入《離》《震》。分火土二位入《噬嗑》卦，起積算爻，推配星辰，歲月日時，進退吉凶。

五星從位起鎮星，土星入卦。女宿從位降己未土。二十八宿，分女宿入卦六五己未土也。

分氣候二十八。從二十八位數起，入卦㊁算吉凶。

火居木上㊂，陽中見陰，陽雜氣渾而溷③，吉凶適變，隨時見也。返復陰，游魂入卦。降下九四，陽入陰。五行進退，始終之道，斯可驗矣。升降六爻極返終，下降《山雷頤》卦。

## 注釋

①頤中有物，曰噬嗑：語出《易•噬嗑》彖辭。

②齧（niè）：同「嚙」。啃、咬。

③溷（hùn）：骯髒，混濁。

## 校勘記

㈠「己未土，辛巳火」，原本作「己未火，辛巳土」，疑誤，據《噬嗑》卦世爻飛伏改作。

㈡「入卦」，原本作「八卦」，疑誤，據本書行文體例改作。

㈢「火居木上」，原本作「火居水上」，疑誤，據《噬嗑》下卦《震》的五行屬木改作。

䷚

# 震下艮上，《頤》。

六位上下，周而復始，內外交互，降入純陰。見《坤》象居中。地之氣，萃在其中。上下陽位包陰。積純和之氣，見浩然之道，明矣。土木配象，吉凶從六虛。六虛即六爻也。與《離》㊀爲飛伏。丙戌土，己酉金。六四諸侯在世，元士之初九見應。

建始辛亥至丙辰，小雪，清明。積算起丙辰至乙卯，周而復始。土木入《艮》《震》。分土木二象，入卦算吉凶。

五星從位起太白，金星西方，入八月卦上沖。虛宿從位降丙戌土。二十八宿，分虛宿入《頤》六四丙戌土上。

分氣候三十六。起數三十六㊁，推六爻吉凶之位。

山下有雷止而動，陰陽通變分氣候，內外剛而積中柔。升降游魂，下居六四位特分，復歸於本。游魂返居六四，入卦周始，爻位遷次明矣。吉凶起於六四，次環六位，星宿躔次①也。

極則反本，降入歸魂《山風蠱》卦。

## 注釋

①星宿躔（chán）次：日月星辰在運行軌道上的位次。

## 校勘記

㈠「離」，原本作「震」，疑誤，據《頤》卦飛伏體例改作。
㈡「起數三十六」，原本作「起數二十八」，疑誤，據「分氣候三十六」改作。

# ䷑ 巽下艮上，《蠱》。

適六爻陰陽上下，本道存也，氣運周而復始。山下見風止而順，內互悅而動。《易》云：「蠱者，事也①」。先甲後甲，事分而令行。金土合木象，復本曰歸魂。與《震》爲飛伏。辛酉金，庚辰土。九三歸魂立三公在世，應上九見宗廟。建始庚戌至乙卯，寒露，春分。積算起乙卯至甲寅㊀，周而復始。土木入《艮》《巽》。

土木分《艮》《巽》宮。

五星從位起太陰，太陰水星，入卦用事㊁。危宿從位降辛酉金。二十八宿，危宿入《巽》歸魂

《山風蠱》九三辛酉金位上。

分氣候二十八。起積算數二十八，卦宮定吉凶。

木上見土，風落山貞，丑於父事。陰陽復位，長幼分焉。八卦循環始於《巽》，歸魂內象見還元。六爻進退，吉凶在於四時。積算起宮，從乎建始。卦用及身也。

升降陰陽㊂，《巽》宮適變入《離》，文柔分矣。陰入陽退，見中虛，次入㊃中女。

八卦相蕩，陰陽定位，遷入《離》宮八卦。純火，以日用事。

## 注釋

①蠱者，事也：語出《易•序卦傳》。

## 校勘記

㈠「積算起乙卯至甲寅」，原本作「積算起乙卯至庚寅」，疑誤，據本書配積算體例改作。

㈡「事」，原本脫漏，據本書行文體例補入。

㈢「升降陰陽」，原本作「升陰陽」，疑誤，據本書行文體例改作。

㈣「次入」，原本作「次水」，疑誤，據本書行文體例改作。

## ☲ 離下離上，《離》。

本於純陽，陰氣貫中，稟於剛健，見乎文明。故《易》曰：「大人㊀以繼明照於四方①」。《離》卦中虛，始於《乾》象。純則健，不能柔明，故以北方陰氣貫中，柔剛而文明也。陽爲陰主，陽伏於陰也。成卦義在六五。是以體《離》，爲日爲火。始於陽象，而假以陰氣。純用剛健，不能明照，故以陰氣入陽，柔於剛健而能順，柔中虛見火象也。是以《離》取中虛，氣炎方能照物。日昌火，本陽象也。純以陰，又不能乾於物；純以陽，又暴於物。故取陰柔於中女，能成於物也。

與《坎》爲飛伏。己巳火，戊子水㊁。宗廟爲世，應上見三公。上九，九三。

建始戊申至癸丑，立秋至大寒。積算起癸丑至壬子。火取胎月至本月。周而復始。土水二象入《離》火位。土水二位，入卦起算。

五星從位起歲星，木星入火宮卦。室宿從位降己巳火。二十八宿，分室宿入《離》宮上九己㊂巳火上也。

分氣候三十六。積算起數三十六，立位定吉凶。

內外二象，配於火土爲祥。土木入《離》爲祥。互見悅順，著於明兩。《兌》《巽》二象。

陰陽升降入初九，適變從陰，止於《艮》象。內卦變也。吉凶從位，起至六五，休廢在何爻。看當何位，金水木火土，與本宮刑宮。次降入《火山旅》卦。初九爻變之。

## 注釋

①大人以繼明照於四方：語出《易・離》象辭。

## 校勘記

㊀「大人」，原本作「君子」，疑誤，據《離》卦象辭改作。

㊁「戊子水」，原本作「戊子土」，疑誤，據地支「子」的五行屬水改作。

㊂「己」，原本脫漏，據本書行文體例補入。

# ䷷ 艮下離上，《旅》。

陰中見陽，蕩入陽中，陰陽二氣交互見本象。火居山上，爲《旅》之義。《離》爲陰，初九爲陽。《艮》爲陽，初六爲陰。二氣交互，上下見木也。火在上，無止象，旅之義。《易》曰：「旅人先笑後號咷①」。又曰：「得其資斧②」。仲尼爲旅人，固可知矣。《旅》卦爲取象，火在山上，顯露無止。五行入卦消息，去此還也。與《艮》爲飛伏。丙辰土，己卯木。世㊀居初六元士，九四諸侯見應。

建始己酉至甲寅，秋分，立春。積算起甲寅至癸丑，周而復始。金入木土《離》《艮》。金木土入卦起積算。

五星從位起熒惑，火星入卦見本象。壁宿從位降丙辰。二十八宿，壁宿入《旅》卦初六丙辰土位上起算。

分氣候二十八㊁。分二十八㊂數，起卦推算。

火土同宮，二氣合應，陰陽相對，吉凶分乎陰位。上九陽居宗廟，得喪於易。六五爲卦之主，不繫於一，凶其宜也。

內象適變，蕩陰入陽。《巽》順於物進退意，器外象明，應內爲《鼎》。次降火從風入《鼎》。初九之初六，六二之九二，《巽》爲風，《離》㊃象火，曰《鼎》。

## 注釋

①旅人先笑後號咷（táo）：語出《易•旅•上九》爻辭。

②得其資斧：語出《易•旅•九四》爻辭。

## 校勘記

㈠「世」，原本作「其」，疑誤，據本書行文體例改作。

㈡㈢「二十八」，原本作「三十六」，疑誤，據本書配氣候體例改作。

㈣「《離》」，原本作「二」，疑誤，據《鼎》卦外卦之象改作。

## ䷱ 巽下離上，《鼎》。

木能巽火，故《鼎》之象。亨飪①見新，供祭明矣。《易》曰：「鼎取新也㊀②」。木見火中發，火木相資，象鼎之兆。下穴爲足，中虛見納，飪熟之義明矣。凡飪熟，享祀爲先，故曰供祭明矣。變生也。陰陽得應，居中履順。三公之義，繼於君也。九三成《鼎》之德，六五委任得賢臣，假之位，以斯明也。陰穴見火，順於上也。中虛見納，受辛於內也。金玉之鉉③在乎陽，饗④新亨飪在乎陰。與《巽》爲飛伏。辛亥水，己丑土。九二立大夫爲世，六五居尊見應。

建始庚戌至乙卯，寒露，春分。積算起乙卯至甲寅，周而復始。分土木入《離》《巽》。分土木二象入爲《巽》，配《鼎》卦。

五星從位起鎮星，土星入火宮。奎宿從位降辛亥水。二十八宿，分奎宿入《鼎》卦九二辛亥位上。

分氣候三十六。起宮數三十六，宮配卦算吉凶。

火居木上，二氣交合，陰陽《巽》順，器具形存，金玉堅剛配象。陰陽升降，六位遞相遷次。

九三適變，以陽入陰，見乎《坎》險。《鼎》九三爻之變㊁陰，成《坎》卦內象㊂。內《坎》外《離》㊃，二氣不交，見《未濟》卦。降入《火水㊅未濟》卦。

## 注釋

①亨飪（hēng rèn）：烹煮，做飯做菜。

②鼎取新也：語出《易・雜卦傳》。

③鉉（xuàn）：古代舉鼎器具，狀如鈎，銅制，用以提鼎兩耳。

④饗（xiǎng）：祭祀。

## 校勘記

㊀「也」，原本脫漏，據《易・雜卦傳》補入。

㊁「變」，原本作「義」，疑誤，據其卦理及文意改作。

㊂「內象」，原本作「外象」，疑誤，據《未濟》內卦爲《坎》改作。

㊃「內《坎》外《離》」，原本作「《坎》外《離》」，疑誤，據《火水未濟》內外卦象改作。

㊄「火水」，原本作「水火」，疑誤，據其卦名改作。

## ䷿ 坎下離上，《未濟》。

陰陽二位，各復本體，六爻交互，異於正象，《離》炎上，《坎》務下，二象不合各殊，陰陽交納，是以異於本象也。故取《未濟》名之。世應得位，陰陽殊途，九二，六五。性命不交，吉凶列矣。《坎》性，《離》命。與《坎》爲飛伏。戊午火，己亥水。六三三公爲世，應宗廟。上九。

建始辛亥至丙辰，小雪，清明。積算起丙辰至乙卯㊀。水土二象入《離》《坎》。分水土入卦。

五星從位起太白，金星入《離》宮，卦分六爻。婁宿從位降戊午火。二十八宿，分婁宿入《未濟》六三戊午火位上㊁，定吉凶，入積算。

分氣候二十八。積算二十八數，至吉凶處。

水火二象，《坎》《離》相納，受性本異，立位見隔。睽於上下，吉凶生也，子午之位。受刑見害，氣不合也。

陰陽升降，入於外卦，適《離》爲《艮》，上著於象。《艮》上著《離》也。天地盈虛，與時消息，其大也。次降入《山水蒙》卦。

## 校勘記

㈠「積算起丙辰至乙卯」，原本作「積算起丙辰至丁卯」，疑誤，據本書配積算體例改作。

㈡「分妻宿入《未濟》六三戊午火位上」，原本作「分妻宿入《未濟》六二戊午火位土」，疑誤，據《未濟》卦「戊午」火之位改作。

## ䷃ 坎下艮上，《蒙》。

積陽居陰，止於《坎》陷，養純正素，居中得位。《易》云：「山下出泉，蒙①」。二象摽正，天下通也，擊暗釋疑，陽道行也。內實外正暗得明，陰附於陽，稚道亨也。故曰：「蒙以養正㊀②」。與《艮》爲飛伏。丙戌土，己酉金㊁。諸侯立世，元士爲應。六四，初六。建始壬子至丁巳，大雪，小滿。積算起丁巳至丙辰，周而復始。火土入《艮》《坎》。火土二象，入卦同算。

五星從位起太陰，水星北方，入宮起算。胃宿從位降丙戌土。二十八宿，分胃宿入《蒙》卦六四丙戌土上。

分氣候三十六。起數三十六㊂，從六位推算。

山下見水，畜聚居中，分流萬派，六位不居，吉凶適變，水土分也。五行入卦算吉凶，逐四時行囚廢王。吉則王，凶則廢。陰陽進退，歲時物也。

六五陽中積陰，入《巽》見陰中陽，二氣相蕩，不可盈望。次降入《風水渙》卦。六五變入九五，陽中陰入陽中陽，適變往於他宮，位不出本宮。

## 注釋

① 山下出泉，蒙：語出《易・蒙》彖辭。

②蒙以養正：語出《易・蒙》彖辭。

## 校勘記

㈠「蒙以養正」，原本作「蒙養正」，疑誤，據《蒙》卦彖辭改作。

㈡「己酉金」，原本作「乙酉金」，疑誤，據《蒙》卦飛伏體例改作。

㈢「起數三十六」，原本作「起數二十八」，疑誤，據「分氣候三十六」改作。

# ䷺ 坎下巽上，《渙》。

水上見木，渙然而合。渙者，散也。內外健而順，納實居中正，互見動而止㊀。虛舟行也。陰陽二象，資而益也，風行水上，處險非溺也。木浮於水也。九五履正思順，非偪①也。與《巽》爲飛伏。辛巳火，己未土。九五居尊，大夫應。九二爻也。建始癸丑至戊午，大寒，芒種。積算起戊午至丁巳，周而復始。火土入《坎》《巽》。火土二象入《坎》《巽》，配火宮《渙》卦起算。五星從位起歲星，木星入火宮，木象。昴宿從位降辛巳火。二十八宿，分昴宿入《渙》九五辛巳火位上。

分氣候其數二十八。起算從二十八位上推，六爻吉凶，歲月日時爲候。內卦《坎》中滿，一陽居中，積實於內。風在外行，虛聲外順。吉凶之位，考乎四序②，盛衰之道，在乎機要。陰陽死於位，生於時，死於時，生於位。進退不可詰③，正盛則衰來，正衰則盛來。《易》曰：「積善之家必有餘慶，積不善之家必有餘殃④」。

八卦始終，六虛反復，游魂生《巽》入《乾》，爲《天水訟》卦。

## 注釋

①偪（bī）：同「逼」。

②四序：指春、夏、秋、冬四季。

③詰（jié）：詢問，追問。

④積善之家必有餘慶，積不善之家必有餘殃：語出《易•坤》文言。

## 校勘記

㊀「互見動而止」，原本作「互見動而上」，疑誤，據內互《震》爲動，外互《艮》爲止改作。

# ䷅ 坎下乾上，《訟》。

生生不絕之謂道。六位不居，返爲游魂。《離》宮八卦，以《訟》爲反四，五至四也。「天與水違，曰訟①」。天道西行，水東流，其路背也。外象《乾》，西北方之卦。內《坎》水，正北方之卦，其流東也。二氣不交，曰訟。五行所占，六位定吉凶，非所背順爲正。金與水二氣相資，父子之謂。健與險內外相激，家國之義。出象故以則，斯可驗矣。與《巽》爲飛伏。壬午火，辛未土。諸侯居世，元士見應。九四，初六。

建始戊午至癸亥，芒種，小雪。積算起癸亥至壬戌，周而復始。火水入卦。火水二象入《離》宮，配六位積算，推日月歲時。

五星從位起熒惑，火星入火宮，同起積算。畢宿從位降壬午火。二十八宿，分畢宿西方㈠宿入《離》游魂《天水訟》卦九四壬午火上㈡也。

分氣候三十六。起宮從三十六位算吉凶。

天下見水，陰陽相背，二氣不交，物何由生。吉凶宗於上九，進退見於九四。二居中履正，得其宜也。

陰陽升降，復歸內象。陰去陽來復本位，內見《離》，《同人》。次降《天火同人》卦。次本陽上下，二爻陰，適變從《離》也。

## 注釋

①天與水違，曰訟：語出《易・訟》象辭。原文作「天與水違行，訟」。

## 校勘記

㈠「西方」，原本作「東方」，疑誤，據畢宿屬西方改作。

㈡「上」，原本作「土」，疑誤，據本書行文體例改作。

# ䷌ 離下乾上，《同人》。

二氣同進，健而炎上，《乾》務上，《離》務上㊀。同途異致，性則合也。《易》曰：「出門同人，又誰咎也①」。九二得位居中，六三積陰待應㊁。

**虎易按：「九二得位居中，六三積陰待應」。「九二、六三」是描述內卦二、三爻，只有內卦爲《兌》或《坎》卦，才可能有「九二、六三」。與本卦內卦爲《離》不吻合，疑其爲《訟》卦文字衍入此處，宜從本卦刪除，調整至《訟》卦爲宜。**

《易》曰：「先號咷而後笑②」。隔於陽位，不能決勝，先故曰號咷，後獲合方喜也，故曰後笑也。八卦復位，六爻遷次，周而復始，上下不停，生生之義，易道祖也。天與火，明而健，陽道正，陰氣和也。六二居內卦中，能奉於陽。吉凶故象，五行昭然。金木水火土，配六位相生。與《坎》爲飛伏。己亥水，戊午火。歸魂立三公爲世，上九宗廟爲應候。

建始丁巳至壬戌，小滿，寒露。積算起壬戌至辛酉，周而復始。火土入《乾》《離》。火土二象入《乾》《離》，配六宮起積算。

五星從位起鎮星，土星入卦，定其吉凶。觜宿從位降己亥水。二十八宿，分觜宿入《離》歸魂，配《天火同人》九三己亥水上。

分氣候二十八。起積算二十八位數，巡六爻有吉凶入何位。

火上見金，二氣雖同，五行相悖。六爻定位，吉凶之兆在乎五二。得時則順，失時則逆，陰陽升降，歲月分焉。爻象相蕩，内外適變，八卦巡迴，歸魂復本。本靜則象生，故適《離》爲《兌》，入少女，分八卦於《兌》象。次入㊃《兌》宫八卦。

## 注釋

① 出門同人，又誰咎也：語出《易・同人・初九》象辭。

② 先號咷而後笑：語出《易・同人・九五》爻辭。

## 校勘記

㊀「離務上」，原本作「坎務下」，疑誤，據《同人》卦象改作。

㊁「九二得位居中，六三積陰待應」。疑其爲《訟》卦文字衍入此處，宜從本卦刪除，調整至《訟》卦爲宜。

㊂「次入」，原本作「坎入」，疑誤，據本書行文體例改作。

# ䷹ 兑下兑上，《兑》。

積陰爲澤，純金用體，畜水凝霜，陰道同也。上六陰生，與《艮》㊀爲合。《兑》上六㊁陰凝，《艮》上九㊂陽健，納《兑》爲妻，二氣合也㊃。土木入《兑》，水火應之，二陰合體，積於西郊。秋王。沖《艮》㊄入《乾》，氣類陰也。配象爲羊，物類同也。與《艮》爲飛伏。丁未土，丙寅木。上六宗廟在世，六三三公爲應。

建始乙卯至庚申，春分，立秋。積算起庚申至己未，周而復始。金土入《兑》宮。金土入《兑》宮起積算。

五星從位起太白，太白金星入卦。參宿從位降丁未土。二十八宿，分參宿入《兑》上六丁未土上。

分氣候二十八㊅。起宮算，從二十八㊆數起，定吉凶。

內卦互體見《離》《巽》，配火木入金宮。分貴賤於强弱，火强木弱。吉凶隨爻算，歲月運氣逐休王。

陰陽升降，變初九入初六，陽入陰，爲《坎》象。正體見陽位，剛柔分，吉凶見也。適變內象入《坎》，爲《困》卦。《兑》內卦初九變入《坎》。

# 校勘記

㊀「艮」，原本作「民」，疑誤，據其文意改作。

㊁「《兌》上六」，原本作「《兌》下六」，疑誤，據《兌》卦爻位爻象改作。

㊂「《艮》上九」，原本作「《艮》上於」，疑誤，據其文意改作。

㊃「也」，原本脫漏，據其文意補入。

㊄「艮」，原本作「震」，疑誤，據其文意改作。

㊅㊆「二十八」，原本作「三十六」，疑誤，據本書配氣候體例改作。

# ䷮ 坎下兑上，《困》。

澤入坎險水不通，《困》。外稟內剛，陰道長也，陰陽不順，吉凶生也。《易》云：「困於石，據於蒺藜，入於其宮，不見其妻，凶①」。上下不應，陰陽不交，二氣不合。《困》卦上下無應，陰陽不交。六三陰，上六亦陰，無匹。入九五求陽，陽亦無納也。五行配六位，生悔吝。四時休王，金木交爭，萬物之情，在乎幾微。與《坎》爲飛伏。戊寅木，丁巳火。初六元士爲世，九四諸侯在應。

建始丙辰至辛酉，清明，秋分。積算起辛酉至庚申，周而復始。土金入《坎》《兑》。分土金入《坎》《兑》，配金宮起算。五星從位起太陰，水星㈠入《兑》卦起算。井宿從位降戊寅㈡。二十八宿，分井宿入《困》卦初六戊寅木。

分氣候其數三十六㈢。三十六㈣起宮入積算，定吉凶。《坎》象互見《離》火入《兑》，金水見運配吉凶。陰陽升降《坎》入《坤》，陰氣凝盛降入《萃》。變通入《萃》卦。

## 注釋

①困於石，據於蒺藜，入於其宮，不見其妻，凶：語出《易•困•六三》爻辭。

## 校勘記

㊀「水星」，原本作「水宿」，疑誤，據本書配五星體例改作。

㊁「井宿從位降戊寅」，原本作「井宿從位起太陰降戊寅」，疑誤，據本書配積算體例改作。

㊂「三十六」，原本作「二十八」，疑誤，據本書配氣候體例改作。

# ䷬坤下兑上，《萃》。

金火分氣候，土木入《兑》宮。升降陰氣盛，剛柔相應，合九五，定群陰，二氣悅而順。《萃》卦丁酉金，乙巳火，二象刑而合也。澤上於地，積陰成萃。《易》曰：「萃者，聚也①㊀」。吉凶生陽氣，合而悅。凡聚衆，必慎防閑假。陽爲主，成萃之義，伏戎必豫備，衆聚去疑心。與《坤》爲飛伏。乙巳火，丁卯木。六二大夫居世，九五至尊見應。

建始丁巳至壬戌㊁，小滿，寒露㊂。積算起壬戌至辛酉㊃，周而復始。土木入《坤》《兑》。分土木入《兑》宮起算。

五星從位起歲星㊄，木星入金土宮㊅，推吉凶也。鬼宿㊆從位降乙巳。二十八宿，分鬼宿㊇入《萃》六二位上。

分氣候二十八。積算起二十八數，六爻見吉凶。

澤下見《坤》二氣順，木土入宮有愛惡。木惡土愛也。陰陽升降陽氣來，止於《坤》象互見《艮》。《艮》爲陽。

《兑》象納《艮》陰氣强。男下女。次降《澤山咸》卦。

## 注釋

①萃者，聚也：語出《易·序卦傳》。

## 校勘記

㈠「萃者，聚也」，原本作「萃者，聚」，疑誤，據《易·序卦傳》改作。

㈡「建始丁巳至壬戌」，原本作「建始戊寅至癸未」，疑誤，據本書配建始體例改作。

㈢「小滿，寒露」，原本作「立春，大暑」，疑誤，據本書配節氣體例改作。

㈣「積算起壬戌至辛酉」，原本作「積算起癸未至壬午」，疑誤，據本書配積算體例改作。

㈤「五星從位起歲星」，原本作「五星從位起熒惑」，疑誤，據本書配五星體例改作。

㈥「木星入金土宮」，原本作「火星入金水宮」，疑誤，據「歲星」屬木，內卦《坤》屬土改作。

㈦㈧「鬼宿」，原本作「翼宿」，疑誤，據本書配二十八宿順序改作。

# ䷞艮下兑上，《咸》。

山上㊀有澤，虛已畜物，陽中積陰，感於物也。陽下於陰，男女之道，內外相應，感類於象也。六二待聘，九五見召，二氣交感，夫婦之道，體斯合也。《易》曰：「咸，感也①」。「利貞㊁，取女吉②」。《艮》少男，《兑》少女，男下於女，取婦之象。與《艮》爲飛伏。丙申金，丁丑土。九三三公居世，上六宗廟爲應。

建始戊午至癸亥，芒種，小雪。積算起癸亥至壬戌，周而復始。火土入《艮》《兑》。分火土象入《艮》《兑》也。

五星從位起熒惑，火星南方入金宮。柳宿從位降丙申。二十八宿，分柳宿入《咸》九三丙申金爻上。

分氣候三十六。積算起數，分三十六位起吉凶。

土上見金，母子氣和，陰陽相應，剛柔定位。吉凶隨爻受氣，出則吉，刑則凶。

陰陽等降入外險，止於內象，爲《水山蹇》㊂卦。九四爻之入陰中剛。

## 注釋

①咸，感也：語出《易•咸》彖辭。

②利貞，取女吉：語出《易•咸》卦辭。

## 校勘記

㊀「山上」，原本作「山下」，疑誤，據其卦象改作。

㊁「貞」，原文脫漏，據《咸》卦辭補入。

㊂「爲《水山蹇》」，原本作「爲《山水蹇》」，疑誤，據其卦名改作。

## ䷦ 艮下坎上，《蹇》。

利於西南，艮㊀道通也。水在山上，蹇險難進，陰陽二氣否也。陰待於陽，柔道牽也。險而逆止，陽固陰長。處能竭至誠，於物爲合，蹇道亨也。《易》曰：「王臣蹇蹇，匪躬之故①」。六二。與《坎》爲飛伏。戊申金，丁亥水。六四諸侯居世，初六元士在應。建始己未至甲子，大暑，大雪㊁。積算起甲子至癸亥，周而復始。土水入《坎》《艮》。水土二象入《坎》㊂《艮》，配金宮起算。五星從位起鎮星，土星入金宮。星宿從位降戊申。二十八宿，分星宿入《蹇》六四戊申金上。分氣候其數二十八㊃。積算起數二十八㊄，從六位五行。土上見水，柔而和此。五行相推二氣合，取象則陰陽相背也。九五適變入《坤》宮，宮比得朋，陰氣合也。外卦九五變入《坤》，內見《艮》，故曰得朋也。將入《謙》卦取象。次㊃降入《地山謙》。

## 注釋

①王臣蹇蹇，匪躬之故：語出《易・蹇・六二》爻辭。

## 校勘記

㈠「艮」，原本作「民」，疑誤，據其內卦爲《艮》改作。

㈡「大雪」，原本作「大寒」，疑誤，據本書配節氣體例改作。

㈢「水土二象入《坎》《艮》」，原本作「水土二象入《艮》」，據「土水入《坎》《艮》」之意改作。

㈣㈤「二十八」，原本作「三十六」，疑誤，據本書配氣候體例改作。

㈥「次」，原本作「坎」，疑誤，據本書行文體例改作。

# ䷎艮下坤上，《謙》。

六位謙順，四象無凶。一陽居内卦之上，爲謙之主。《易》曰：「謙謙君子，用㊀涉大川①」。陰陽不爭，處位謙柔，陰中見陽，止順於謙。有無之位，上下皆通。《易》曰：「無不利，撝謙②㊁。

與《坤》爲飛伏。癸亥水，丁酉金。六五㊂居世，大夫在應。

建始庚申至乙丑，立秋，大寒。積算起乙丑至甲子，周而復始。金土入《坤》《艮》。金土二象，入《兑》宫起算也。

五星從位起太白，太白金星入《兑》宫卦。張宿從位降癸亥。二十八宿，分張宿入《謙》六五癸亥水上。

分氣候三十六㊃。積算起數，三十六㊄位。

《坤》在《艮》上順而止，五行入位象謙柔。吉凶隨爻適變。

陰陽升降，至六五位。返入游魂，變歸六四，蕩六四一爻入陽也。八卦相離，四象分也。

次降入《雷山小過》卦。

## 注釋

①謙謙君子，用涉大川：語出《易・謙・初六》爻辭。

②無不利，撝（huī）謙：語出《易・謙・六四》爻辭。

## 校勘記

㈠「用」，原本作「利」，疑誤，據《謙》卦初六爻辭改作。

㈡「無不利，撝謙」，原本作「撝謙，無不順也」，疑誤，據《謙》卦六四爻辭改作。

㈢「六五」，原本作「六位」，疑誤，據爻位和爻性改作。

㈣㈤「三十六」，原本作「二十八」，疑誤，據本書配氣候體例改作。

# ䷽艮下震上，《小過》。

六四適變，血脉通也。陽入陰，陰入陽，二氣降内外象。上下返應，二剛相適。九三，九四。土木入卦，分於二象。内《艮》外《震》。雷處高山，亢之極也。内柔無正性，危及於外。《易》曰：「飛鳥遺之音，不宜上宜下①」。與《坤》爲飛伏。庚午火，癸丑土。反歸九四諸侯立世，元士見應。

建始乙丑至庚午，大寒，芒種。積算起庚午至己巳，周而復始。土火入《震》《艮》。外土火二象入《兑》宫。

五星從位起太陰，水星入卦游魂。翼宿從位降庚午。二十八宿，分翼宿入《兑》宫游魂，《小過》卦九四庚午火上。

分氣候二十八㊀。積算二十八㊁數，六位吉凶。

木下見土，二陽畜陰，六位相刑，吉凶㊂生也。上升下降㊃，陰陽反應，各私其黨。六爻適變，陰道悖也，升降進退，其道同也。之《艮》入《兑》，陰納與陽也。反復其位，次降入歸魂《雷澤歸妹》卦。

## 注釋

①飛鳥遺之音，不宜上宜下：語出《易・小過》卦辭。

## 校勘記

㈡「二十八」，原本作「三十六」，疑誤，據本書配氣候體例改作。

㈢「吉凶」，原本作「吉位」，疑誤，據本書行文體例改作。

㈣「上升下降」，原本作「上升下」，疑誤，據其文意改作。

## 兌下震上，《歸妹》。

陰復於本悅，動於外，二氣不交，故曰《歸妹》。歸者，嫁也。互見《離》《坎》，同於《未濟》，適陽從陰，剛從外至。九四至剛，六三悅柔，返無其應凶。兌羊㊀涉卦之終，長何吉也。與《艮》爲飛伏。丁丑土，丙申金。三公歸魂之世，上六宗廟見應。建始甲子至己巳，大雪，小滿。積算起己巳至戊辰，周而復始。水土入《震》《兌》。分水土二象入《兌》宮。

五星從位起歲星，木星東方，入《兌》宮歸魂。軫宿從位降丁丑土。二十八宿，分軫宿入《兌》歸魂六三㊁丁丑土上，分吉凶起算。

分氣候三十六㊂。積算起三十六㊃數，六位推五行數吉凶。

雷居澤上，剛氣亢盛，陰陽不合，進退危也。《震》長男，《兌》少女。少女匹長男，氣非合也。吉凶在上六，處於動極。適變位定時，不可易之道也。五行考象，非合斯義，陰陽運動，適當何爻。或陰或陽，或柔或剛，升降六位，非取一也。《兌》歸魂，配六十四卦之終也。

## 校勘記

㊀「兌羊」，原本作「幷羊」，疑誤，據《易•說卦傳》改作。

㊁「六三」，原本作「六二」，疑誤，據《歸妹》卦世爻丁丑土居六三爻改作。

㊂㊃「三十六」，原本作「三十八」，疑誤，據本書配氣候體例改作。

# 京氏易傳卷中

# 京氏易傳卷下

漢 東邵 京房 著
吳 鬱林太守 陸績 注
明 兵部侍郎 范欽 訂

夫易者，象也。爻者，效也。聖人所以仰觀俯察，象天地日月星辰，草木萬物。順之則和，逆之則亂。夫細不可窮，深不可極。故揲蓍布爻，用之於下。筮分六十四卦，配三百八十四爻㊀，序一萬一千五百二十策。定天地萬物之情狀。故吉凶之氣順六爻上下，次之八九六七之數，內外承乘之象。故曰：「兼三才而兩之①」。孔子曰：「陽三陰四，位之正也②」。三者東方之數，東方日之所出，又園者徑一而開三也。四者西方之數，西方日之所入，又方者徑一而取四也。言日月終天之道。故易卦六十四，分上下，象陰陽也。奇偶之數，取之於《乾》《坤》。《乾》《坤》者，陰陽之根本。《坎》《離》者，陰陽之性命。分四營而成易，十有八變而成卦。卦象定吉凶，明得失。降五行，分四象，順則吉，逆則凶。故曰：「吉凶悔吝生乎動③」。又曰：「明得失於四序」。言吉凶生乎動。五行休廢，內犯胎養，合五行。運機布度，其氣轉易，主者亦當則天而行，與時消息。安而不忘亡，將以順性命之理。極蓍龜之源，重三成六，能事畢矣。

分天地《乾》《坤》之象，益之以甲乙壬癸，《乾》《坤》二分天地，陰陽之本㊁。故分甲乙壬癸，陰陽之始終。《震》《巽》之象配庚辛，庚陽入《震》，辛陰入《巽》。《坎》《離》之象配戊己，戊陽入《坎》，己陰入《離》。《艮》《兌》之象配丙丁。丙陽入《艮》，丁陰入《兌》。八卦分陰陽、六位、五行，光明四通，變易立節。天地若不變易，不能通氣。五行迭終，四時更廢。變動不居，周流六虛，上下無常，剛柔相易。不可以爲典要，惟變所適。吉凶共列於位，進退明乎機要。易之變化，六爻不可據，以隨時所占。

《周禮•太卜》：「一曰《連山》，二曰《歸藏》，三曰《周易》④」。

初爲陽，二爲陰，三爲陽，四爲陰，五爲陽，六爲陰。⑤一三五七九，陽之數。二四六八十，陰之數。陰主賤，陽主貴。

陰從午，陽從子，子午分行；子左行，午右行，左右凶吉。吉凶之道，子午分時。

立春正月節在寅，《坎》卦初六，立秋同用。

雨水正月中在丑，《巽》卦初六，處暑同用。

驚蟄二月節在子，《震》卦初九，白露同用。

春分二月中在亥，《兌》卦九四，秋分同用㊂。

清明三月節在戌，《艮》卦六四，寒露同用。

穀雨三月中在酉，《離》卦九四，霜降同用。

立夏四月節在申，《坎》卦六四，立冬同用。

小滿四月中在未，《巽》卦六四，小雪同用。

芒種五月節在午，《震》㊃宮九四，大雪同用。

夏至五月中在巳，《兌》宮初九，冬至同用。

小暑六月節在辰，《艮》宮初六，小寒同用。

大暑六月中在卯，《離》宮初九，大寒同用。

孔子易云：「有四易，一世二世爲地易，三世四世爲人易，五世六世爲天易，游魂歸魂爲鬼易」。

八卦，鬼爲繫爻，財爲制爻，天地爲義爻，天地即父母也。福德爲寶爻，福德即子孫也。同氣爲專爻。兄弟爻也。

龍德十一月在子，在《坎》卦，左行。虎刑五月午，在《離》卦，右行。

甲乙庚辛天官，申酉地官。丙丁壬癸天官，亥子地官。戊己甲乙天官，寅卯地官。壬癸戊己天官，辰戌地官。

靜爲悔，發爲貞，貞爲本，悔爲末。

初爻上，二爻中，三爻下，三爻㊄之數，以成一月。

初爻三日，二爻三日，三爻三日，名九日，餘有一日，名曰閏餘。

初爻十日爲上旬，二爻十日爲中旬，三爻十日爲下旬。三旬三十，積旬成月，積月成年。

八八六十四卦，分六十四卦配三百八十四爻，成萬一千五百二十策。定氣候二十四，考五行於運命，人事天道，日月星辰，局於指掌，吉凶見乎其位。《繫》云㊅：「吉凶悔吝生乎動⑥」。

寅中有生火，亥中有生木，巳中有生金，亦云上生之位。申中有生水。丑中有死金，戌中有死火，未中有死木，辰中有死水，土兼於中。

建子陽生，建午陰生，二氣相沖，吉凶明矣。積算隨卦起宮，《乾》、《坤》、《震》、《巽》、《坎》、《離》、《艮》、《兑》，八卦相蕩二氣，陽入陰，陰入陽，二氣交互不停。故曰：「生生之謂易⑦」。天地之內，無不通也。

《乾》起巳，《坤》起亥，《震》起午，《巽》起辰，《坎》起子，《離》起丑，《艮》起寅，《兑》起□。□㊆於六十四卦，遇王則吉，廢則凶，沖則破，刑則敗，死則危，生則榮。考其義理，其可通乎。

分三十爲中，六十爲上，三十爲下，總一百二十，通陰陽之數也。

新新不停，生生相續，故淡泊不失其所，確然示人。

陰陽運行，一寒一暑，五行互用，一吉一凶。以通神明之德，以類萬物之情。故易所以斷天下之理，定之以人倫，而明王道。八卦建五氣立五常⑧，法象《乾》《坤》，順於陰陽，以正君臣父子之義。故易曰：「元亨利貞⑨」。夫作易所以垂教，教之所被，本被於有無，且易者包備有無，有吉則有凶，有凶則有吉。生吉凶之義，始於五行，終於八卦。從無入有，見災於星辰也。從有入無，見象於陰陽也。陰陽之義，歲月分也。歲月既分，吉凶定矣。故曰：「八卦成列，象在其中矣⑩」。六爻上下天地，陰陽運轉。有無之象，配乎人事。八卦仰觀俯察在乎人，隱顯災祥在乎天。考天時，察人事，在乎卦。八卦之要，始於《乾》《坤》，通乎萬物。故曰：「易窮則變，變則通，通則久⑪」。久於其道，其理得矣。

卜筮非襲於吉，唯變所適。窮理盡性於茲矣。

## 注釋

①兼三才而兩之：語出《易•繫辭傳》。

②陽三陰四，位之正也：語出《周易乾鑿度》。

③吉凶悔吝生乎動：語出《易•繫辭傳》。原文爲「吉凶悔吝者，生乎動者也」。

④一曰《連山》，二曰《歸藏》，三曰《周易》：語出《周禮•春官宗伯第三》。

⑤初爲陽，二爲陰，三爲陽，四爲陰，五爲陽，六爲陰：指一卦六個爻，初、三、五爲陽爻之位；二、四、六爲陰爻之位。

⑥吉凶悔吝生乎動：語出《易•繫辭傳》。原文爲「吉凶悔吝者，生乎動者也」。

⑦生生之謂易：語出《易•繫辭傳》。

⑧五常：謂金、木、水、火、土五行。《禮記•樂記》：「道五常之行，使之陽而不散，陰而不密」。鄭玄注：「五常，五行也」。

⑨元亨利貞：語出《易・乾》卦辭。

⑩八卦成列，象在其中矣：語出《易・繫辭傳》。

⑪易窮則變，變則通，通則久：語出《易・繫辭傳》。

## 校勘記

㊀「配三百八十四爻」，原本作「配三百六十四爻」，疑誤，據卦爻數（64x6=384）改作。

㊁「本」，原本作「木」，疑誤，據《漢魏叢書・明・新安程榮校》本改作。

㊂「秋分同用」，原本作「春秋分同用」，疑誤，據其配節氣體例改作。

㊃「震」，原本作「乾」，疑誤，據其配卦體例改作。

㊄「三爻」，原本作「三月」，疑誤，據其文意改作。

㊅「繫云」，原本作「繫乎」，疑誤，據其文意改作。

㊆「囗」，原本空出兩個字格，補入標示空格。

# 京氏易傳卷下　終

# 《京氏易傳》附錄

虎易按：以下內容，原版合併在《京氏易傳卷下》「窮理盡性於茲矣」後。考其內容，大多是從《郡齋讀書志》轉錄而來，應該不是《京氏易傳》原本的內容，因此單獨分出，作爲附錄。

晁氏公武①曰：漢《藝文志》易京氏凡三種，八十九篇。隋《經籍志》有《京氏章句》十卷，又有《占候》十種，七十三卷。唐《藝文志》有《京氏章句》十卷，而《易占候》存者五種，二十三卷。今其章句亡矣。乃略見於僧一行②及李鼎祚③之書。今傳者曰《京氏積算易傳》三卷，《雜占條例法》一卷，或共題《易傳》四卷，而名皆與古不同。今所謂《京氏易傳》者，或題曰《京氏積算易傳》者，疑隋、唐《志》之《錯卦》是也。《雜占條例法》者，疑唐《志》之《逆刺占災異》是也。《錯卦》在隋七卷，唐八卷，所謂《積算》《雜》《逆刺占災異》十二卷是也。至唐，《逆刺》三卷，而亡其八卷。元佑八年④，高麗進書，有《京氏周易占》十卷，疑隋《周易占》十二卷是也。是古易家有書，而無傳者多矣。京氏之書，幸而與存者才十之一，尚何離夫師說邪？

景迂⑤嘗曰：余自元豐壬戌⑥偶脫去舉子事業，便有志學易，而輒⑦本好王氏⑧，妄以謂弱之外，當自有名象者，果得《京氏傳》，而文字顛倒舛訛，不可訓知。迨其服習甚久，漸有所窺，今三十有四年矣，乃能以其象數，辨正文字之舛謬。於邊郡山房寂寞之中，而私識之曰：是書兆《乾》《坤》之二象以成八卦，凡八變而六十有四。於其往來升降之際，以觀消息盈虛於天地之元，而酬酢乎萬物之表者，炳然在目也。

大抵辨三易，運五行，正四時，謹二十四氣，志七十二候，而位五星，降二十八宿，其進退以幾。而爲一卦之主者，謂之世。奇偶相與，據一以起二，而爲主之相者，謂之應。世之所位，而陰陽之肆者，謂之飛。陰陽肇乎所配，《乾》與《坤》，《震》與《坎》，《巽》與《離》，《艮》與《兌》。而終不脫乎本。以飛某位之卦，乃伏某宮之位。以隱顯佐神明者，謂之伏。起乎世而周乎內外，參乎本數以紀月者，謂之建。終之始之，極乎數而不可窮，以紀日者，謂之積。會於中，而以四爲用，一卦備四卦者，謂之互。

《乾》建甲子於下，《坤》建甲午於上。八卦之上，乃生一世之初。初一世之五位，乃分而爲五世之位。其五世之上，乃爲游魂之世；五世之初，乃爲歸魂之世。而歸魂之初，乃生後卦之初。其建剛日則節氣，柔日㊀則中氣。其數虛則二十有八，盈則三十有六。蓋其可言者如此。

若夫象遺乎意，意遺乎言，則錯綜其用，唯變所適。或兩相配而論內外二象，若世與內，《革》，水火配位，《離》火，四世水。若世與外。用金木交爭，外先金，初世木。或不論內外之象，而論其內外之位。《萃》，土水入《坤》㊁《兌》，初土四水。或三相參而論內外與飛，《賁》，土火木分陰陽，《艮》土、《離》火、飛木㊂。若伏，《旅》，火土木入《離》《艮》，《離》火、《艮》土、世㊃伏木。或相參而論內外世應建伏。《觀》，金土火木互爲體建，金水應內，土伏火，外木。或不論內外，而論世建與飛伏。《益》，金土入《震》《巽》㊄，世㊅與飛土、建與伏金。或兼論世應飛伏。《復》，水土見候，世應水土，飛伏水土。《屯》，土木應象，世應土木，飛伏土木㊆。或專論世應。《夬》，金木合《乾》《兌》㊇，入《坤》象，世金應木。《蠱》，金木入《艮》《巽》，世金應木。或論世之所忌，《履》，金火入卦，初九火與㊈九四火，剋九五世金爻及《乾》卦金㊉。或論世之所生。《巽》，火木與《巽》同宮，世木《巽》木見火。於其所起，見其所滅。《大壯》起於子，滅於亥。（**虎易按：「起於子，滅於亥」。大約是指本卦從初爻甲子開始起，十二地支至亥完成一個循環。**）於其所形，見其所生。《隨》，金木交形，水火相激，《兌》金《巽》木。故曰：死於位，生於時；死於時，生於位。苟非彰往而察來，微顯而闡幽者，曷足以與此。

前是小王變四千九十有六卦，後有管輅⑨定《乾》之軌七百六卦，復有八《坤》之軌六百七十有二。其知之者，將可以語邵康節⑩三易矣。從⑫小王之徒，唯知尚其詞耳，其謂斯何。

昔魯商瞿子木⑪，受易孔子。五傳而至漢田何子裝，何授洛陽丁光，光授碭田王孫，王孫授東海孟喜，孟喜授梁焦贛延壽，延壽授房。房授東海殷嘉，河東姚平，河南乘弘。由是易有京房之學，而傳盛矣。有翟牧、白光⑪者不肯⑫，學京氏曰：京非孟氏學也。劉向亦疑京托之缺一字孟氏，不知當時爲何說也。今以當時之書驗之，蓋有《孟氏京房》十一篇，以大異《孟氏京房》六十六篇，與夫《京氏殷嘉》十二篇，同爲一家之學，則其源委，孰可誣哉。此亦學者不可不知也。

若小王者，果何所授受邪。蓋自京氏，爲王學有餘力，而王學之適京氏，則無繇矣。或傳是書，而文字舛謬，得以予言，而考諸凡學，不可就正者，缺以待來哲。

《積算雜占條例法》，具如別錄。

乾、姤、遁、否、觀、剝、晉、大有
震、豫、解、恒、升、井、大過、隨
坎、節、屯、既濟、革、豐、明夷、師
艮、賁、大畜、損、睽、履、中孚、漸
坤、復、臨、泰、大壯、夬、需、比
巽、小畜、家人、益、無妄、噬嗑、頤、蠱
離、旅、鼎、未濟、蒙、渙、訟、同人
兑、困、萃、咸、蹇、謙、小過、歸妹

## 注釋

①晁公武：（1105年至1180年），字子止，號昭德先生。祖籍澶州清豐（今屬河南省），後遷居山東，故又稱爲濟州鉅野（今山東省巨野）人。宋高宗紹興二年（公元1132年）進士，累官吏部侍郎。公武博學多識，著述頗富，可惜其著作多已散佚，傳世者惟《郡齋讀書志》。

僧一行：本名張遂。漢族，魏州昌樂（今河南省南樂縣）人，一說巨鹿人。唐功臣張公瑾之曾孫，父檀，武功令。生於唐高宗弘道元年，卒於玄宗開元十五年。唐代杰出天文學家，在世界上首次推算出子午綫緯度一度之長，編制了《大衍曆》。佛教密宗的領袖，著有密宗權威著作《大日經疏》。

②李鼎祚是唐朝中後期資州磐石（今屬四川資中縣）人。其生平不詳，官至殿中侍御史。在位期間積極爲統治者獻計獻策。安史之亂，他進《平胡論》，爲討伐安祿山等人出謀劃策。爲了加强對少數民族地區統治，防止叛亂，又上奏在瀘、晋、渝、合、資、榮等六州界險要之地置昌州。學術上精於經學，尤通象數易學，擅筮占。著作有《周易集解》。

③元佑八年：元佑是北宋哲宗趙煦的年號。元佑八年，即公元1093年。

④景迂：晁說之（1059－1129），字以道，自號景迂，宋朝濟州鉅野（今山東省巨野）人。

北宋神宗元豐五年（公元1082年）進士。徽宗崇寧二年（1103年），知定州無極縣，靖康之變時爲中書舍人。高宗南渡後，召爲侍讀，提舉杭州洞霄宮。

⑤元豐壬戌：元豐是北宋神宗趙頊的年號。元豐壬戌，即公元1082年。

⑦輒（zhé）：則；就。

⑧王氏：王弼（bì）。（226年—249年），字輔嗣，三國時代曹魏山陽郡（今山東濟寧、魚台、金鄉一帶）人，經學家，魏晋玄學的主要代表人物之一。王弼曾任尚書郎。少年有文名，曾爲《道德經》與《易經》撰寫注解。正始十年（249年）秋天，以癘疾亡，年僅24歲，遺下一妻一女。

⑨管輅：（209—256），字公明，平原（今山東平原）人。三國時魏術士。年八九歲，便喜仰觀星辰。成人後，精通《周易》，善於卜筮、相術，習鳥語，相傳每言輒中，出神入化。體性寬大，常以德報怨。正元初，爲少府丞。管輅是歷史上著名的術士，被後世奉爲卜卦觀相的祖師，一生著述甚豐，有《周易通靈訣》2卷、《周易通靈要訣》1卷、《破躁經》1卷、《占箕》1卷。《三國志•方技傳》將管輅之術筮與「華佗之醫診，杜夔之聲樂，朱建平之相術，周宣之相夢」相提幷論，認爲「誠皆玄妙之殊巧，非常之絕技矣」。

⑩邵康節：邵雍（1011—1077）漢族，字堯夫，謚號康節，自號安樂先生、伊川翁，後

人稱百源先生。其先范陽（今河北涿縣）人，幼隨父遷共城（今河南輝縣）。少有志，讀書蘇門山百源上。北宋哲學家、易學家，有內聖外王之譽。仁宗嘉祐及神宗熙寧中，先後被召授官，皆不赴。創「先天學」，以爲萬物皆由「太極」演化而成。著有《觀物篇》、《先天圖》、《伊川擊壤集》、《皇極經世》等。

⑪商瞿子木：復姓商瞿，名子木，佚其字，魯國人，是孔子的七十二賢弟子之一，世人尊稱其爲「子瞿」。參閱《漢書‧儒林傳》。

⑫有翟牧、白生者不肯：《漢書•儒林傳》曰：「京房受《易》梁人焦延壽。延壽云嘗從孟喜問《易》。會喜死，房以爲延壽《易》即孟氏學，翟牧、白生不肯，皆曰非也」。翟牧：字子兄，沛（治今安徽濉溪）人。東海蘭陵（治今山東蒼山蘭陵鎮），爲孟喜弟子。白生：白光，字少子，爲孟喜的同郡弟子。參閱《漢書•儒林傳》。

## 校勘記

㈠「柔日」，原本作「乘日」，疑誤，據其文意改作。

㈡「坤」，原本作「艮」，疑誤，據《萃》內卦改作。

㈢「木」，原本作「水」，疑誤，據「土火木分陰陽」改作。

㈣「世」，原本作「休」，疑誤，據其文意改作。

㊄《巽》，原本作「索」，疑誤，據《益》外卦名稱改作。

㊅「世」，原本作「也」，疑誤，據其文意改作。

㊆「木」，原本作「水」，據《屯》卦飛伏改作。

㊇「金木合乾兌」，原本作「金木合乾先」，疑誤，據其卦理改作。

㊈「與」，原本作「口」，疑誤，據其文意改作。

㊉「剋九五世金爻及《乾》卦金」，原本作「剋九五世金爻及《乾》文金」，疑誤，據其文意改作。

⑪「從」，原本作「徙」，疑誤，據其文意改作。

⑫「白光」，原本作「白生」，疑誤，據《漢書·儒林傳》改作。

⑬「履」，原本作「離」，據《艮》宮八卦卦名改作。

# 附錄一

## 衢本郡齋讀書志二十卷

光緒六年六月會稽章氏用藝芸書舍本重刊

**易類**

**《京房易傳》四卷**

右《漢•藝文志•易•京氏》凡三種，八十九篇。《隋•經籍志》有《京氏章句》十卷，又有《占候》十種，七十三卷。《唐•藝文志》有《京氏章句》十卷，而《占候》存者五種，二十三卷。今其章句亡矣，乃略見於僧一行及李鼎祚之書。今傳者曰《京氏積算易傳》三卷，《雜占條例法》一卷，名與古不同。所謂《積算易傳》，疑《隋•唐•志》之《錯卦》是也。《雜占條例法》者，疑《隋•唐•志》之《逆刺占災異》是也。

景迂嘗曰：是書兆《乾》、《坤》之二象以成八卦，卦凡八變而六十有四。於其往來升降之際，以觀消息盈虛於天地之元，而酬酢乎萬物之表者，炳然在目也。大抵辨三《易》、運五行、正四時、謹二十四氣、悉七十二候，而位五星、降二十八宿，其進退以幾。而爲一卦之主者，謂之「世」。奇耦相與，據一以超二，而爲主之相者，謂之「應」。世之所位，而陰陽之肆者，謂之「飛」。陰陽肇乎所配，（《乾》與《坤》、《震》與《巽》、《坎》與《離》、《艮》與《兑》。）而終不脫乎本。（以飛某卦之位，乃伏某宮之位。）以隱賾佐神明者，謂之「伏」。起乎世而周乎內外，參乎本數以紀月者，謂之「建」。終終始始，極乎數（覆案：通考引不重「始」字，當據删。）而不可窮。以紀日者，謂之「積」。（含於中而以四爲用，一卦備四卦者，謂之「互」。《乾》建甲子於初之上，《坤》建甲午於上，八卦之上，乃生一世之初。）初一世，之五位，乃分而爲五世之位。其五世之上，乃爲游魂之世；五世之初，乃爲歸魂之世。（案：五世二句，原本脫去，今據瞿鈔本補，通考同。）而歸魂之初，乃生後卦之初。其建，剛日則節氣，柔日則中氣。其數虛則有（覆案：虛則下，通考無有字，當據删。）二十有八，盈則三十有六。蓋其可言者如此。

夫象遺乎意，（案：通考夫上有若字。）意遺乎言，則錯綜其用，唯變所適。苟非彰往而察來、微顯而闡幽者，曷足以與此。易學自商瞿至孟喜，授受甚明，房受之喜，而翟牧、白㊀生者不肯。（案：《通考》此下有仞字。）京氏曰：「京非孟氏學也」。劉向亦疑京托之孟氏，予不知當時爲何說也。今以當時之書驗之，蓋有《孟氏京房》十一篇，《災異孟氏京房》六十六篇，同爲一家之學，則其原委孰可誣哉。

## 校勘記

㈠「白」，原本作「自」，疑誤，據《漢書•儒林傳》改作。

附錄二

# 昭德先生郡齋讀書志

四部叢刊三編史部

上海涵芬樓景印北平故宮博物院圖書館藏宋淳祐袁州刊本

**《郡齋讀書志·易類·京房易三卷》**

右隋有漢京房章句十卷，此書舊題京房傳，吴陸績注，皆星行氣候之學，非章句也。

# 校注參考文獻資料

《漢書》
《宋史》
《三國志》
《論語‧里仁》
《京氏易傳》（《四部叢刊》景印「天一閣」刊本）
《京氏易傳》（《漢魏叢書》‧明‧新安程榮校本）
《京氏易傳》（《欽定四庫全書》本）
《周易本義》
《周易乾鑿度》
《郡齋讀書志》
《黃帝內經‧素問》

初稿校對完成時間：2009年8月12日15時14分
二校注釋完成時間：2010年12月10日11時25分
三校注釋完成時間：2013年3月15日16時20分
最終修訂完成時間：2017年6月20日09時38分

京氏易學愛好者 湖北省潛江市 虎易
網名：虎易
QQ：77090074
微信：15871891413
電子郵箱：tiger1955@163.com
新浪博客：湖北虎易http：//blog.sina.com.cn/hbhy
http：//blog.sina.com.cn/u/1248458677

| | | | |
|---|---|---|---|
| **占筮類** | | | |
| 1 | 擲地金聲搜精秘訣 | 心一堂編 | 沈氏研易樓藏稀見易占秘鈔本 |
| 2 | 卜易拆字秘傳百日通 | 心一堂編 | |
| 3 | 易占陽宅六十四卦秘斷 | 心一堂編 | 火珠林占陽宅風水秘鈔本 |
| **星命類** | | | |
| 4 | 斗數宣微 | 【民國】王裁珊 | 民初最重要斗數著述之一；未刪改本 |
| 5 | 斗數觀測錄 | 【民國】王裁珊 | 失傳民初斗數重要著作 |
| 6 | 《地星會源》《斗數綱要》合刊 | 心一堂編 | 失傳的第三種飛星斗數 |
| 7 | 《斗數秘鈔》《紫微斗數之捷徑》合刊 | 心一堂編 | 珍稀「紫微斗數」舊鈔秘本 |
| 8 | 斗數演例 | 心一堂編 | |
| 9 | 紫微斗數全書（清初刻原本） | 題【宋】陳希夷 | 斗數全書本來面目；有別於錯誤極多的坊本 |
| 10-12 | 鐵板神數（清刻足本）——附秘鈔密碼表 | 題【宋】邵雍 | 無錯漏原版 秘鈔密碼表 首次公開！ |
| 13-15 | 蠢子數纏度 | 題【宋】邵雍 | 蠢子數連密碼表 打破數百年秘傳 首次公開！ |
| 16-19 | 皇極數 | 題【宋】邵雍 | 清鈔孤本附起例及完整密碼表 研究神數必讀！ |
| 20-21 | 邵夫子先天神數 | 題【宋】邵雍 | 附手鈔密碼表 研究神數必讀！ |
| 22 | 八刻分經定數（密碼表） | 題【宋】邵雍 | 皇極數另一版本；附手鈔密碼表 |
| 23 | 新命理探原 | 【民國】袁樹珊 | 子平命理必讀教科書！ |
| 24-25 | 袁氏命譜 | 【民國】袁樹珊 | |
| 26 | 韋氏命學講義 | 【民國】韋千里 | 民初二大命理家南袁北韋 |
| 27 | 千里命稿 | 【民國】韋千里 | 北韋之命理經典 |
| 28 | 精選命理約言 | 【民國】韋千里 | |
| 29 | 滴天髓闡微——附李雨田命理初學捷徑 | 【民國】袁樹珊、李雨田 | 命理經典未刪改足本 |
| 30 | 段氏白話命學綱要 | 【民國】段方 | 民初命理經典最淺白易懂 |
| 31 | 命理用神精華 | 【民國】王心田 | 學命理者之寶鏡 |

| | | | |
|---|---|---|---|
| 32 | 命學探驪集 | 【民國】張巢雲 | |
| 33 | 澹園命談 | 【民國】高澹園 | 發前人所未發 |
| 34 | 算命一讀通——鴻福齊天 | 【民國】不空居士、覺先居士合纂 | 稀見民初子平命理著作 |
| 35 | 子平玄理 | 【民國】施惕君 | |
| 36 | 星命風水秘傳百日通 | 心一堂編 | |
| 37 | 命理大四字金前定 | 題【晉】鬼谷子王詡 | 源自元代算命術 |
| 38 | 命理斷語義理源深 | 心一堂編 | 稀見清代批命斷語及活套 |
| 39-40 | 文武星案 | 【明】陸位 | 失傳四百年《張果星宗》姊妹篇 千多星盤命例 研究命學必備 |
| **相術類** | | | |
| 41 | 新相人學講義 | 【民國】楊叔和 | 失傳民初白話文相術書 |
| 42 | 手相學淺說 | 【民國】黃龍 | 民初中西結合手相學經典 |
| 43 | 大清相法 | 心一堂編 | |
| 44 | 相法易知 | 心一堂編 | |
| 45 | 相法秘傳百日通 | 心一堂編 | 重現失傳經典相書 |
| **堪輿類** | | | |
| 46 | 靈城精義箋 | 【清】沈竹礽 | |
| 47 | 地理辨正抉要 | 【清】沈竹礽 | |
| 48 | 《玄空古義四種通釋》《地理疑義答問》合刊 | 沈瓞民 | 沈氏玄空遺珍 |
| 49 | 《沈氏玄空吹虀室雜存》《玄空捷訣》合刊 | 【民國】申聽禪 | 玄空風水必讀 |
| 50 | 漢鏡齋堪輿小識 | 【民國】查國珍、沈瓞民 | |
| 51 | 堪輿一覽 | 【清】孫竹田 | 失傳已久的無常派玄空經典 |
| 52 | 章仲山挨星秘訣（修定版） | 【清】章仲山 | 章仲山無常派玄空珍秘 |
| 53 | 臨穴指南 | 【清】章仲山 | 門內秘本首次公開 |
| 54 | 章仲山宅案附無常派玄空秘要 | 心一堂編 | 沈竹礽等大師尋覓一生末得之珍本！ |
| 55 | 地理辨正補 | 【清】朱小鶴 | 玄空六派蘇州派代表作 |
| 56 | 陽宅覺元氏新書 | 【清】元祝垚 | 簡易・有效・神驗之玄空陽宅法 |
| 57 | 地學鐵骨秘 附 吳師青藏命理大易數 | 【民國】吳師青 | 釋玄空廣東派地學之秘 |
| 58-61 | 四秘全書十二種（清刻原本） | 【清】尹一勺 | 玄空湘楚派經典本來面目 有別於錯誤極多的坊本 |

| | | | |
|---|---|---|---|
| 62 | 地理辨正補註 附 元空秘旨 天元五歌 玄空精髓 心法秘訣等數種合刊 | 【民國】胡仲言 | 貫通易理、巒頭、三元、三合、天星、中醫 |
| 63 | 地理辨正自解 | 【清】李思白 | 公開玄空家「分率尺、工部尺、量天尺」之秘 |
| 64 | 許氏地理辨正釋義 | 【民國】許錦灝 | 民國易學名家黃元炳力薦 |
| 65 | 地理辨正天玉經內傳要訣圖解 | 【清】程懷榮 | 秘訣一語道破，圖文并茂 |
| 66 | 謝氏地理書 | 【民國】謝復 | 玄空體用兼備、深入淺出 |
| 67 | 論山水元運易理斷驗、三元氣運說附紫白訣等五種合刊 | 【宋】吳景鸞等 | 失傳古本《玄空秘旨》《紫白訣》 |
| 68 | 星卦奧義圖訣 | 【清】施安仁 | 三元玄空門內秘笈 清鈔孤本 過去均為必須守秘不能公開秘密 與今天流行飛星法不同 |
| 69 | 三元地學秘傳 | 【清】何文源 | |
| 70 | 三元玄空挨星四十八局圖說 | 心一堂編 | |
| 71 | 三元挨星秘訣仙傳 | 心一堂編 | |
| 72 | 三元地理正傳 | 心一堂編 | |
| 73 | 三元天心正運 | 心一堂編 | |
| 74 | 元空紫白陽宅秘旨 | 心一堂編 | |
| 75 | 玄空挨星秘圖 附 堪輿指迷 | 心一堂編 | 蓮池心法 玄空六法 門內秘鈔本首次公開 |
| 76 | 姚氏地理辨正圖說 附 地理九星并挨星真訣全圖 秘傳河圖精義等數種合刊 | 【清】姚文田等 | |
| 77 | 元空法鑑批點本——附 法鑑口授訣要、秘傳玄空三鑑奧義匯鈔 合刊 | 【清】曾懷玉等 | |
| 78 | 元空法鑑心法 | 【清】曾懷玉等 | |
| 79 | 曾懷玉增批蔣徒傳天玉經補註【新修訂版原（彩）色本】 | 【清】項木林、曾懷玉 | 揭開連城派風水之秘 |
| 80 | 地理學新義 | 【民國】俞仁宇撰 | |
| 81 | 地理辨正揭隱（足本）附連城派秘鈔口訣 | 【民國】王邈達 | |
| 82 | 趙連城傳地理秘訣附雪庵和尚字字金 | 【明】趙連城 | |
| 83 | 趙連城秘傳楊公地理真訣 | 【明】趙連城 | 巒頭風水，內容簡核、深入淺出 |
| 84 | 地理法門全書 | 仗溪子、芝罘子 | |
| 85 | 地理方外別傳 | 【清】熙齋上人 | 巒頭形勢、「望氣」「鑑神」 |
| 86 | 地理輯要 | 【清】余鵬 | 集地理經典之精要 |
| 87 | 地理秘珍 | 【清】錫九氏 | 巒頭、三合天星，圖文并茂 |
| 88 | 《羅經舉要》附《附三合天機秘訣》 | 【清】賈長吉 | 清鈔孤本羅經、三合訣法圖解 |
| 89-90 | 嚴陵張九儀增釋地理琢玉斧巒 | 【清】張九儀 | 清初三合風水名家張九儀經典清刻原本！ |

| | | | |
|---|---|---|---|
| 91 | 地學形勢摘要 | 心一堂編 | 形家秘鈔珍本 |
| 92 | 《平洋地理入門》《巒頭圖解》合刊 | 【清】盧崇台 | 平洋水法、形家秘本 |
| 93 | 《鑒水極玄經》《秘授水法》合刊 | 【唐】司馬頭陀、【清】鮑湘襟 | 千古之秘，不可妄傳匪人 |
| 94 | 平洋地理闡秘 | 心一堂編 | 雲間三元平洋形法秘鈔珍本 |
| 95 | 地經圖說 | 【清】余九皋 | 形勢理氣、精繪圖文 |
| 96 | 司馬頭陀地鉗 | 【唐】司馬頭陀 | 流傳極稀《地鉗》 |
| 97 | 欽天監地理醒世切要辨論 | 【清】欽天監 | 公開清代皇室御用風水真本 |
| **三式類** | | | |
| 98－99 | 大六壬尋源二種 | 【清】張純照 | 六壬入門、占課指南 |
| 100 | 六壬教科六壬鑰 | 【民國】蔣問天 | 由淺入深，首尾悉備 |
| 101 | 壬課總訣 | 心一堂編 | 過去術家不外傳的珍稀六壬術秘鈔本 |
| 102 | 六壬秘斷 | 心一堂編 | |
| 103 | 大六壬類闡 | 心一堂編 | |
| 104 | 六壬秘笈——韋千里占卜講義 | 【民國】韋千里 | 六壬入門必備 |
| 105 | 壬學述古 | 【民國】曹仁麟 | 依法占之，「無不神驗」 |
| 106 | 奇門揭要 | 心一堂編 | 集「法奇門」、「術奇門」精要 |
| 107 | 奇門行軍要略 | 【清】劉文瀾 | 條理清晰、簡明易用 |
| 108 | 奇門大宗直旨 | 劉毗 | 天下孤本 首次公開<br>虛白廬藏本《秘藏遁甲天機》<br>奇門不傳之秘 應驗如神 |
| 109 | 奇門三奇干支神應 | 馮繼明 | |
| 110 | 奇門仙機 | 題【漢】張子房 | |
| 111 | 奇門心法秘纂 | 題【漢】韓信（淮陰侯） | |
| 112 | 奇門廬中闡秘 | 題【三國】諸葛武侯註 | |
| **選擇類** | | | |
| 113－114 | 儀度六壬選日要訣 | 【清】張九儀 | 清初三合風水名家張九儀擇日秘傳 |
| 115 | 天元選擇辨正 | 【清】一園主人 | 釋蔣大鴻天元選擇法 |
| **其他類** | | | |
| 116 | 述卜筮星相學 | 【民國】袁樹珊 | 民初二大命理家南袁北韋<br>南袁之術數經典 |
| 117－120 | 中國歷代卜人傳 | 【民國】袁樹珊 | |

| | | | |
|---|---|---|---|
| **占筮類** | | | |
| 121 | 卜易指南(二種) | 【清】張孝宜 | 民國經典，補《增删卜易》之不足 |
| 122 | 未來先知秘術——文王神課 | 【民國】張了凡 | 內容淺白、言簡意賅、條理分明 |
| **星命類** | | | |
| 123 | 人的運氣 | 汪季高(雙桐館主) | 五六十年香港報章專欄結集！ |
| 124 | 命理尋源 | 【民國】徐樂吾 | 民國三大子平命理家徐樂吾必讀經典！ |
| 125 | 訂正滴天髓徵義 | | |
| 126 | 滴天髓補註 附 子平一得 | | |
| 127 | 窮通寶鑑評註 附 增補月談賦 四書子平 | | |
| 128 | 古今名人命鑑 | | |
| 129-130 | 紫微斗數捷覽(明刊孤本)[原(彩)色本] 附 點校本 (上)(下) | 馮一、心一堂術數古籍整理編校小組 整理 | 明刊孤本 首次公開！ |
| 131 | 命學金聲 | 【民國】黃雲樵 | 民國名人八字、六壬奇門推命 |
| 132 | 命數叢譚 | 【民國】張雲溪 | 子平斗數共通、百多民國名人命例 |
| 133 | 定命錄 | 【民國】張一蟠 | 民國名人八十三命例詳細生平 |
| 134 | 《子平命術要訣》《知命篇》合刊 | 【民國】鄒文耀、【民國】胡仲言 撰 | 《子平命術要訣》科學命理；《知命篇》易理皇極、命理地理、奇門六壬互通 |
| 135 | 科學方式命理學 | 閻德潤博士 | 匯通八字、中醫、科學原理！ |
| 136 | 八字提要 | 韋千里 | 民國三大子平命理家韋千里必讀經典！ |
| 137 | 子平實驗錄 | 【民國】孟耐園 | 作者四十多年經驗 占卜奇靈 名震全國！ |
| 138 | 民國偉人星命錄 | 【民國】囂囂子 | 幾乎包括所民初總統及國務總理八字！ |
| 139 | 千里命鈔 | 韋千里 | 失傳民初三大命理家-韋千里 代表作 |
| 140 | 斗數命理新篇 | 張開卷 | 現代流行的「紫微斗數」內容及形式上深受本書影響 |
| 141 | 哲理電氣命數學——子平部 | 【民國】彭仕勛 | 命局按三等九級格局、不同術數互通借用 |
| 142 | 《人鑑——命理存驗·命理擷要》(原版足本)附《林庚白家傳》 | 【民國】林庚白 | 傳統子平學修正及革新、大量名人名例 |
| 143 | 《命學苑苑刊——新命》(第一集)附《名造評案》《名造類編》等 | 【民國】林庚白、張一蟠等撰 | 史上首個以「唯物史觀」來革新子平命學結集 |
| **相術類** | | | |
| 144 | 中西相人探原 | 【民國】袁樹珊 | 按人生百歲，所行部位，分類詳載 |
| 145 | 新相術 | 【美國】字拉克福原著、【民國】沈有乾編譯 | 通過觀察人的面相身形、色澤舉止等，得知性情、能力、習慣、優缺點等 |
| 146 | 骨相學 | 【民國】風萍生編著 | 結合醫學中生理及心理學，影響近代西、日、中相術深遠 |
| 147 | 人心觀破術 附運命與天稟 | 【日本】管原如庵、加藤孤雁原著，【民國】唐真如譯 | 觀破人心、運命與天稟的奧妙 |

| | | | |
|---|---|---|---|
| 148 | 《人相學之新研究》《看相偶述》合刊 | 盧毅安 | 集中外大成，無不奇驗；影響近代香港相術名著 |
| 149 | 冰鑑集 | 【民國】碧湖鷗客 | 各家相法精華、相術捷徑、圖文並茂附名人照片 |
| 150 | 《現代人相百面觀》《相人新法》合刊 | 【民國】吳道子輯 | 失傳民初相學經典二種　重現人間！ |
| 151 | 性相論 | 【民國】余晉龢 | 民初北平公安局專論相學與犯罪專著（犯罪學生物學派） |
| 152 | 《相法講義》《相理秘旨》合刊 | 韋千里、孟瘦梅 | 命理學大家韋千里經典、傳統相術秘籍精華 |
| 153 | 《掌形哲學》附《世界名人掌形》《小傳》 | 【民國】余萍客 | 圖文并茂、附歐美名人掌形圖及生平簡介 |
| 154 | 觀察術 | 【民國】吳貴長 | 可補充傳統相術之不足 |
| **堪輿類** | | | |
| 155 | 羅經消納正宗 | 【明】沈昇撰、【明】史自成、丁孟章合纂 | 失傳四庫存目珍稀風水古籍 |
| 156 | 風水正原 | 【清】余天藻 | ●積德為求地之本，形家必讀！ |
| 157 | 安溪地話（風水正原二集） | | ●純宗形家，與清代欽天監地理風水主張大致相同 |
| 158 | 《蔣子挨星圖》附《玉鑰匙》 | 傳【清】蔣大鴻等 | 窺知無常派章仲山一脈真傳奧秘 |
| 159 | 樓宇寶鑑 | 吳師青 | 陽宅風水必讀、現代城市樓宇風水看法改革 |
| 160 | 《香港山脈形勢論》《如何應用日景羅經》合刊 | | 香港風水山脈形勢專著 |
| 161 | 三元真諦稿本——讀地理辨正指南 | 【民國】王元極 | 被譽為蔣大鴻、章仲山後第一人 |
| 162 | 三元陽宅萃篇 | | 內容直接了當，盡揭三元玄空家之秘 |
| 163 | 王元極增批地理冰海　附批點原本地理冰海 | 【清】高守中　【民國】王元極 | |
| 164 | 地理辨正發微 | 【清】唐南雅 | 極之清楚明白，披肝露膽 |
| 165-167 | 增廣沈氏玄空學　附　仲山宅斷秘繪稿本三種、自得齋地理叢說稿鈔本（上）（中）（下） | 【清】沈竹礽 | 玄空必讀經典！附《仲山宅斷》幾種鈔本及批點本，畫龍點晴、披肝露膽，道中刊印本未點破的秘訣 |
| 168-169 | 巒頭指迷（上）（下） | 【清】尹貞夫原著、【民國】何廷珊增訂、批注 | 圖文并茂：龍、砂、穴、水、星辰九十九變<br>洩漏天機：蔣大鴻、賴布衣挨星秘訣及用法 |
| 170-171 | 三元地理真傳（兩種）（上）（下） | 【清】趙文鳴 | 蔣大鴻嫡派真傳張仲馨一脈二十種家傳秘本、宅墓案例三十八圖，並附天星擇日 |
| 172 | 三元宅墓圖　附　家傳秘冊 | | |
| 173 | 宅運撮要 | 【民國】尤惜陰（演本法師）、榮柏雲 | 撮三集《宅運新案》之精要 |
| 174 | 章仲山秘傳玄空斷驗筆記　附　章仲山斷宅圖註 | 【清】章仲山傳、【清】唐鷺亭纂 | 無常派玄空不外傳秘中秘！二宅實例有斷驗及改造內容 |
| 175 | 汪氏地理辨正發微　附　地理辨正真本 | 【清】蔣大鴻、姜垚原著、【清】汪云吾發微 | 蔣大鴻嫡派張仲馨一脈三元理、法、訣具體泄露 |
| 176 | 蔣大鴻家傳歸厚錄汪氏圖解 | 【清】蔣大鴻、【清】汪云吾圖解 | 三百年來最佳《地理辦正》註解！石破天驚！ |
| 177 | 蔣大鴻嫡傳三元地理秘書十一種批注 | 【清】蔣大鴻原著、【清】汪云吾、【清】劉樂山註 | |

| | | | |
|---|---|---|---|
| 178 | 《星氣(卦)通義(蔣大鴻秘本四十八局圖并打劫法)》《天驚秘訣》合刊 | 題【清】蔣大鴻 著 | 江西興國真傳三元風水秘本 |
| 179 | 蔣大鴻嫡傳天心相宅秘訣全圖附陽宅指南等秘書五種 | 【清】蔣大鴻編訂、【清】汪云吾、劉樂山註 | 蔣大鴻徒張仲馨秘傳陽宅風水「教科書」！ |
| 180 | 家傳三元地理秘書十三種 | | 真天宮之秘　千金不易之寶 |
| 181 | 章仲山門內秘傳《堪輿奇書》附《天心正運》 | 【清】章仲山傳、【清】華湛恩 | 直洩無常派章仲山玄空風水不傳之秘 |
| 182 | 《挨星金口訣》、《王元極增批補圖七十二葬法訂本》合刊 | [民國]王元極 | 秘中秘——玄空挨星真訣公開！字字千金！ |
| 183-184 | 《家傳三元古今名墓圖集附謝氏水鉗》《蔣氏三元名墓圖集》合刊(上)(下) | (清)孫景堂，劉樂山，張稼夫 | 蔣大鴻嫡傳風水宅案、幕講師、蔣大鴻、姜垚等名家多個實例，破禁公開！ |
| 185-186 | 《山洋指迷》足本兩種　附《尋龍歌》(上)(下) | 【明】周景一 | 風水巒頭形家必讀《山洋指迷》足本！ |
| 187-196 | 蔣大鴻嫡傳水龍經注解　附　虛白廬藏珍本水龍經四種(1-10) | 【清】蔣大鴻編訂、【清】楊臥雲、汪云吾、劉樂山註 | 蔣大鴻嫡傳一脈授徒秘笈　希世之寶<br>千年以來，師師相授之秘旨，破禁公開！<br>完整了解蔣氏嫡派真傳一脈三元理、法、訣！<br>附已知最古《水龍經》鈔本等五種稀見《水龍經》 |
| 197 | 批注地理辨正直解 | | |
| 198 | 《天元五歌闡義》附《元空秘旨》(清刻原本) | 【清】章仲山 | 無常派玄空必讀經典未刪改本！ |
| 199 | 心眼指要(清刻原本) | | |
| 200 | 華氏天心正運 | 【清】華湛恩 | |
| 201-202 | 批注地理辨正再辨直解合編(上)(下) | 【清】蔣大鴻原著、【清】姚銘三再註、【清】章仲山直解 | 失傳姚銘三玄空經典重現人間！<br>名家：沈竹礽、王元極推薦！ |
| 203 | 章仲山注《玄機賦》《元空秘旨》附《口訣中秘訣》《因象求義》等九種合刊 | 【清】章仲山 | 近三百年來首次公開！　章仲山無常派玄空秘密，和盤托出！<br>章仲山注《玄機賦》及章仲山原傳之口訣及筆記 |
| 204 | 章仲山門內真傳《三元九運挨星篇》《運用篇》《挨星定局篇》《口訣篇》等合刊 | 【清】章仲山、柯遠峰等 | |
| 205 | 章仲山門內真傳《大玄空秘圖訣》《天驚訣》《飛星要訣》《九星斷略》《得益錄》等合刊 | 【清】章仲山、冬園子等 | |
| 206 | 撼龍經真義 | 吳師青註 | 近代香港名家吳師青必讀經典 |
| 207 | 章仲山嫡傳《翻卦挨星圖》《秘鈔元空秘旨》　附《秘鈔天元五歌闡義》 | 【清】章仲山傳、【清】王介如輯撰 | 透露章仲山家傳玄空嫡傳學習次弟及關鍵不傳之秘 |
| 208 | 章仲山嫡傳秘鈔《秘圖》《節錄心眼指要》合刊 | | 史上首次公開「無常派」下卦起星等挨星秘密之書 |
| 209 | 《談氏三元地理大玄空實驗》附《談養吾秘稿奇門占驗》 | 【民國】談養吾撰 | 了解談氏入世的易學卦德爻象思想 |
| 210 | 《談氏三元地理濟世淺言》附《打開一條生路》 | | |
| 211-215 | 《地理辨正集註》附　《六法金鎖秘》《巒頭指迷真詮》《作法雜綴》等(1-5) | 【清】尋緣居士 | 集《地理辨正》一百零八家註解大成精華<br>匯巒頭及蔣氏、六法、無常、湘楚等秘本<br>史上最大篇幅的《地理辨正》註解 |
| 216 | 三元大玄空地理二宅實驗(足本修正版) | 【民國】尤惜陰(演本法師)、榮柏雲撰 | 三元玄空無常派必讀經典足本修正版 |

| | | | |
|---|---|---|---|
| 217 | 蔣徒呂相烈傳《幕講度針》附《元空秘斷》《陰陽法竅》《挨星作用》 | 【清】呂相烈 | 蔣大鴻門人呂相烈三元秘本 三百年來首次破禁公開！ |
| 218 | 挨星撮要（蔣徒呂相烈傳） | | |
| 219-221 | 《沈氏玄空挨星圖》《沈註章仲山宅斷未定稿》《沈氏玄空學（四卷原本）》合刊（上中下） | 【清】沈竹礽 等 | 揭開沈氏玄空挨星五行吉凶斷的變化及不同用法 章仲山宅斷未刪本、沈氏玄空學原本佚文、玄空挨星圖稿鈔本 大公開！ |
| 222 | 地理穿透真傳（虛白廬藏清初刻原本） | 【清】張九儀 | 三合天星家宗師張九儀畢生地學精華結集 |
| 223-224 | 地理元合會通二種（上）（下） | 【清】姚炳奎 | 分發兩家（三元、三合）之秘，會通其用 詳解注羅盤（蔣盤、賴盤）；義理、斷驗俱精 |
| **其他類** | | | |
| 225 | 天運占星學 附 商業周期、股市粹言 | 吳師青 | 天星預測股市，神準經典 |
| 226 | 易元會運 | 馬翰如 | 《皇極經世》配卦以推演世運與國運 |
| **三式類** | | | |
| 227 | 大六壬指南（清初木刻五卷足本） | | 六壬學占驗課案必讀經典海內善本 |
| 228-229 | 甲遁真授秘集（批注本）（上）（下） | 【清】薛鳳祚 | 明清皇家欽天監秘傳奇門遁甲 奇門、易經、皇極經世結合經典 |
| 230 | 奇門詮正 | 【民國】曹仁麟 | 簡易、明白、實用，無師自通！ |
| 231 | 大六壬探源 | 【民國】袁樹珊 | 民初三大命理家袁樹研究六壬四十餘年代表作 |
| 232 | 遁甲釋要 | 【民國】徐昂 | 推衍遁甲、易學、洛書九宮大義！ |
| 233 | 《六壬卦課》《河洛數釋》《演玄》合刊 | | 疏理六壬、河洛數、太玄隱義！ |
| 234 | 六壬指南（【民國】黃企喬） | 【民國】黃企喬 | 失傳經典 大量實例 |
| **選擇類** | | | |
| 235 | 王元極校補天元選擇辨正 | 原【清】謝少暉輯、【民國】王元極校補 | 三元地理天星選日必讀 |
| 236 | 王元極選擇辨真全書 附 秘鈔風水選擇訣 | 【民國】王元極 | 王元極天昌館選擇之要旨 |
| 237 | 蔣大鴻嫡傳天星選擇秘書注解三種 | 【清】蔣大鴻編訂、【清】楊臥雲、汪云吾、劉樂山註 | 蔣大鴻陰陽二宅天星擇日日課案例！ |
| 238 | 增補選吉探源 | 【民國】袁樹珊 | 按表檢查，按圖索驥：簡易、實用！ |
| 239 | 《八風考略》《九宮撰略》《九宮考辨》合刊 | 沈瓞民 | 會通沈氏玄空飛星立極、配卦深義 |
| **其他類** | | | |
| 240 | 《中國原子哲學》附《易世》《易命》 | 馬翰如 | 國運、世運的推演及預言 |

## 心一堂術數古籍整理叢刊

| | | |
|---|---|---|
| 全本校註增刪卜易 | 【清】野鶴老人 | 李凡丁（鼎升）校註 |
| 紫微斗數捷覽（明刊孤本）附點校本 | 傳【宋】陳希夷 | 馮一、心一堂術數古籍整理小組點校 |
| 紫微斗數全書古訣辨正 | 傳【宋】陳希夷 | 潘國森辨正 |
| 應天歌（修訂版）附格物至言 | 【宋】郭程撰　傳 | 莊圓整理 |
| 壬竅 | 【清】無無野人小蘇郎逸 | 劉浩君校訂 |
| 奇門祕覈（臺藏本） | 【元】佚名 | 李鏘濤、鄭同校訂 |
| 臨穴指南選註 | 【清】章仲山　原著 | 梁國誠選註 |
| 皇極經世真詮—國運與世運 | 【宋】邵雍　原著 | 李光浦 |

# 心一堂當代術數文庫

| | |
|---|---|
| 增刪卜易之六爻古今分析 | 愚人 |
| 命理學教材（第一級） | 段子昱 |
| 命理學教材 之 五行論命口訣 | 段子昱 |
| 斗數詳批蔣介石 | 潘國森 |
| 潘國森斗數教程（一）：入門篇 | 潘國森 |
| 紫微斗數登堂心得：三星秘訣篇——潘國森斗數教程（二） | 潘國森 |
| 紫微斗數不再玄 | 犂民 |
| 玄空風水心得（增訂版）（附流年催旺化煞秘訣） | 李泗達 |
| 玄空風水心得（二）——沈氏玄空學研究心得（修訂版）附流年飛星佈局 | 李泗達 |
| 廖氏家傳玄命風水學（一）——基礎篇及玄關地命篇 | 廖民生 |
| 廖氏家傳玄命風水學（二）——玄空斗秘篇 | 廖民生 |
| 廖氏家傳玄命風水學（三）——楊公鎮山訣篇 附 斷驗及調風水 | 廖民生 |
| 廖氏家傳玄命風水學（四）——秘訣篇：些子訣、兩元挨星、擇吉等 | 廖民生 |
| 《象數易——六爻透視：入門及推斷》修訂版 | 愚人 |
| 《象數易——六爻透視 財股兩望》 | 愚人 |
| 《象數易——六爻透視：病在何方》 | 愚人 |
| 《象數易——六爻透視：自身揭秘》 | 愚人 |
| 命卜隨筆 | 林子傑 |

# 心一堂易學經典文庫　已出版及即將出版書目

| | |
|---|---|
| 宋本焦氏易林（上）（下） | 【漢】焦贛 |
| 周易易解（原版）（上）（下） | 【清】沈竹礽 |
| 《周易示兒錄》附《周易說餘》 | 【清】沈竹礽 |
| 三易新論（上）（中）（下） | 沈瓞民 |
| 《周易孟氏學》《周易孟氏學遺補》《孟氏易傳授考》 | 沈瓞民 |
| 京氏易八卷（清《木犀軒叢書》刊本） | 【漢】京房 |
| 京氏易傳古本五種 | 【漢】京房 |
| 京氏易傳箋註 | 【民國】徐昂 |
| 推易始末 | 【清】毛奇齡 |
| 刪訂來氏象數圖說 | 【清】張恩霨 |
| 周易卦變解八宮說 | 【清】吳灌先 |
| 易觸 | 【清】賀子翼 |
| 易義淺述 | 何遯翁 |